徐涛 郭昕辉 马宇◎主编

人民日报出版社

《成语英雄》编写人员名单

主　编：徐　涛　郭昕晖　马　宇
编　者：秦　峰　雪　芬　施　睿
　　　　何沐沐　李文迪

目 录

第一章
千里之行，始于足下 / 001
▶ 成语游戏：名副其实 / 012

第二章
星星之火，可以燎原 / 015
▶ 成语游戏：求同存异 / 026

第三章
知己知彼，百战不殆 / 029
▶ 成语游戏：风霜雨雪 / 040

第四章
八仙过海，各显神通 / 043
▶ 成语游戏：探本寻源 / 054

第五章
精诚所至，金石为开 / 057
▶ 成语游戏：名动天下 / 068

第六章
有则改之，无则加勉 / 071
▶ 成语游戏：触类旁通 / 082

第七章
百尺竿头，更进一步 / 085
▶ 成语游戏：火眼金睛 / 096

第八章
前事不忘，后事之师 / 099
▶ 成语游戏：明辨是非 / 110

- 第九章 失之东隅，收之桑榆 / 113
  - 成语游戏：浮想联翩 / 124
- 第十章 桃李不言，下自成蹊 / 127
  - 成语游戏：缀玉连珠 / 138
- 第十一章 十步之内，必有芳草 / 141
  - 成语游戏：诗意盎然 / 152
- 第十二章 他山之石，可以攻玉 / 155
  - 成语游戏：雕玉双联 / 164
- 第十三章 流水不腐，户枢不蠹 / 167
  - 成语游戏：虎踞龙盘 / 176
- 第十四章 老骥伏枥，志在千里 / 179
  - 成语游戏：诗情画意 / 190
- 第十五章 仁者见仁，智者见智 / 193
  - 成语游戏：妙趣横生 / 204
- 第十六章 日月经天，江河行地 / 207
  - 成语游戏：中西合璧 / 218
- 参考答案 水落石出 / 221

第一章
千里之行,始于足下

释义: 行千里远的路程,须从迈第一步开始。比喻要实现远大的目标,须从小处逐步做起。

探源:《老子·六十四章》:"合抱之木,生于毫末;九层之台,起于累土;千里之行,始于足下。"

第一关　牛刀小试 ·看图片,猜成语。(答案见221页)

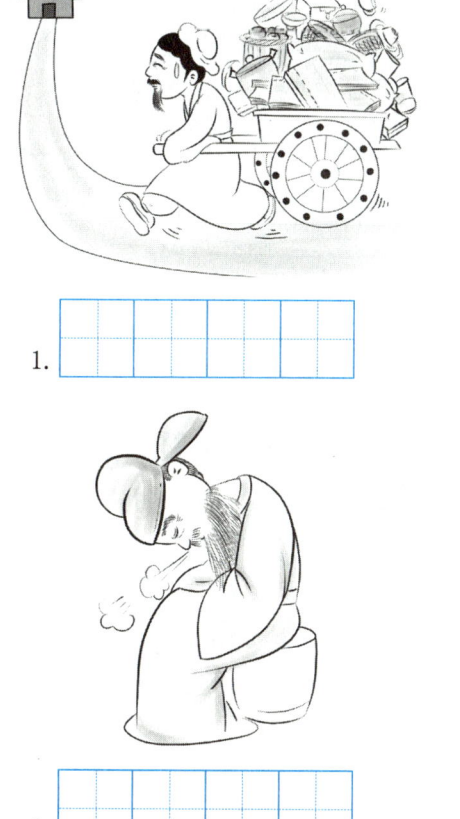

1. ☐☐☐☐☐

3. ☐☐☐☐☐

2. ☐☐☐☐☐

4. ☐☐☐☐☐

第二关　登堂入室　看图片，猜成语。（答案见221页）

1. ☐☐☐☐☐〔8字〕

2. ☐☐☐☐

3. ☐☐☐☐☐〔10字〕

4. ☐☐☐☐

5. ☐☐☐☐〔5字〕

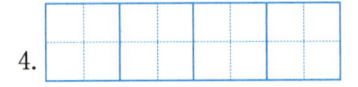

194页　锦囊妙计

1. 大海里的一粒谷子。比喻非常渺小。
2. 比喻希图不经过努力而得到成功的侥幸心理。
3. 比喻陷入困境，怎么也逃不了。
4. 原意是诗文的境界高妙，上接云天。后用来形容人很重义气。
5. 比喻愿望无法实现，用空想安慰自己。

本页锦囊妙计在第016页下方。

• 第三关　炉火纯青 • 看图片，猜成语。（答案见221页）

1. ▯▯▯▯▯▯▯▯ 〔8字〕

2. ▯▯▯▯▯▯

3. ▯▯▯▯▯▯

4. ▯▯▯▯▯▯▯▯▯ 〔9字〕

5. ▯▯▯▯▯

195页 锦囊妙计

1. 年纪虽老，志向更为豪壮，干劲更足。
2. 形容仅仅缺少再坚持一下的努力而告失败。
3. 比喻退让和回避，避免冲突。
4. 形容功绩很大，流传千古。
5. 跟随在别人后面走。比喻追随、模仿别人。

本页锦囊妙计在第017页下方。

成语人生

古语云："人谁无过？过而能改，善莫大焉。"犯错误并不可怕，重要的是能及时认识错误、改正错误。如果因为"好面子"而一味掩饰，反而落了下乘，甚至可能造成严重后果。廉颇身为赵国名将，战功显赫、地位尊崇，却能主动向蔺相如致歉请罪，不仅维护了国家的和平，也获得了蔺相如的原谅，被世人所尊敬，成为千百年来值得学习的榜样。

比喻真心诚意地向人道歉。

负荆请罪

探源 《史记·廉颇蔺相如列传》："廉颇闻之，肉袒负荆，因宾客至蔺相如门谢罪。"

字解 负：背负。荆：荆条，又名楚，落叶丛生灌木，高四五尺，茎坚硬，可用作打人的刑具。

例句 他跑到市长那里负荆请罪，没想到，市长不但没有批评他，反而表扬了他。

易错点睛

"鸩"，不可写作"鸠"。鸩是传说中的毒鸟。据说把它的羽毛放在酒里，可毒杀人，且几乎不可解救，久而久之鸩酒就成了毒酒的统称。此外"鸩"还可以引申为用毒酒害人，如"鸩杀"。

比喻用有害的办法解决面临的问题而不顾后果。

饮鸩(zhèn)止渴

探源 《后汉书·霍谞传》："譬犹疗饥于附子，止渴于鸩毒，未入肠胃，已绝咽喉，岂可为哉！"

字解 鸩：传说中的毒鸟，用它的羽毛或粪便浸酒，喝了能毒死人。

例句 光讲金山银山而不顾绿水青山，无异于饮鸩止渴、竭泽而渔。

微信扫一扫
视频更精彩

杯酒释兵权

明日黄花

比喻过时的事物。

探源 宋·苏轼《九日次韵王巩》："相逢不用忙归去，明日黄花蝶也愁。"

字解 明日：指重阳节后。黄花：菊花。

例句 高端茶叶在茶企眼中逐渐由"掌上明珠"沦为"明日黄花"，但中档茶叶这一块所受影响并不大。

文化密码

古人常用花草借代人或物，所谓"善鸟香草，以配忠贞；恶禽臭物，以比谗佞；灵修美人，以媲于君"。后世或以美人比喻君王，或作臣子自喻；香草则常用于比喻品德和人格的高洁，或和恶草相对，象征着政治斗争的双方。《离骚》中有"惟草木之零落兮，恐美人之迟暮"一句，因此后世文人骚客多借"芳草零落"来抒发怀才见弃的无奈，多借"美人迟暮"来寄托人生苦短、壮志难酬的悲感。

河东狮吼

形容妇人善妒彪悍，大吵大闹。

探源 南宋·洪迈《容斋随笔·卷三·陈季常》引苏轼诗"忽闻河东狮子吼，拄杖落手心茫然。"

字解 狮吼：即"狮子吼"，佛教比喻威严。这里指妻子大吵大闹。

例句 老婆的河东狮吼，随着她的怀孕，逐渐有所节制。

成语故事

相传宋代苏轼有友名陈慥，字季常，号龙丘居士，喜招宾客，好谈禅理。当时人饮酒，喜欢请歌女歌舞助兴。而陈慥妻柳氏善妒，每当陈欢歌宴舞之时，就吵闹不休，令他很是尴尬。苏轼于是写诗取笑："龙丘居士亦可怜，谈空说有夜不眠。忽闻河东狮子吼，拄杖落手心茫然。"（河东是柳氏的郡望，此处以地名代指陈妻柳氏。）后世常用河东狮吼比喻悍妇发怒。

成语人生

一支筷子很容易被折断，一把筷子则很难被折损。原因就在于个人的力量是渺小的，而群体的力量则是无穷的，所以我们要大力倡导"团队精神"。团队精神的核心就是齐心协力。优秀的团队不是一盘散沙，而是所有成员都有共同的目标，是心往一处想，劲往一处使；是分工协作，优势互补；是团结友爱，互相帮助。只有这样的团队才是坚不可摧的整体。

齐心协力

形容思想一致，共同努力。

探源 《墨子·尚贤》："《汤誓》曰：'聿求元圣，与之戮力同心，以治天下。'"

字解 心：思想。协：共同。

例句 全社会一定要在减少排放上形成共识，从政府到企业，再到公民个人，痛下决心、齐心协力控制并排除污染。

易错点睛

"分"不可写作"纷"，"分飞"在这里是指一只往这边飞，另一只往那边飞。与"劳燕分飞"意思相近的成语有"各奔东西"。二者都可指夫妻分离，但"各奔东西"还可指各人朝不同的方向发展。

劳燕分飞

伯劳、燕子各飞东西。比喻离别，尤多用于指夫妻或情侣分开两地。

探源 《乐府诗集·东飞伯劳歌》："东飞伯劳西飞燕，黄姑织女时相见。"

字解 劳：指伯劳鸟。燕：燕子。

例句 当初我们晏尔新婚，似乎从来没有想到还会有劳燕分飞之日，关于"永不分离"的悄悄话也说过不止一次。

微信扫一扫
视频更精彩

百尺竿头，更进一步

抛砖引玉

比喻用自己没有价值的东西（多指意见、文章等）引出好的、珍贵的东西。

探源 宋·释道原《景德传灯录》："官人云：'金屑虽贵，又作么生？'老宿无对，镜清代曰：'比来抛砖引玉。'"

字解 抛：投掷。

例句 我们希望能够抛砖引玉，吸引更多的人参与进来，将这种助人为乐的美德发扬光大。

文化密码

玉在中国文化里意义非凡。国人称玉为"石之美者"，将玉看作是天地精气的结晶。古人还将玉与美好德行结合，视之为"君子"品性的象征。因此玉文化包含着丰富的民族精神，有"宁为玉碎"的不屈气节，有"润泽以温"的翩翩风度，有"玉壶冰心"的高洁情操。同时，人们还常用玉彰显美好，比喻人的玉容、玉手，喻物的玉泉、玉食等。

举案齐眉

指妻子对丈夫恭敬有礼。也形容夫妻相互敬爱。

探源《后汉书·梁鸿传》："（鸿）为人赁舂，每归，妻为具食，不敢于鸿前仰视，举案齐眉。"

字解 案：盛食物的有脚木托盘。

例句 他们是一对举案齐眉的夫妇，结婚几十年来相亲相爱，从不吵架，真是令人羡慕。

成语故事

东汉时，太学生梁鸿家贫而有才，很多人家向他提婚，都被他拒绝。同县孟家，有个女儿，名叫孟光，相貌丑且胖，宣称非梁鸿不嫁。梁鸿听说后娶她为妻，婚后，两人脱去结婚时的华美衣服，重又穿上朴素的衣服，过着男耕女织的清苦生活。每次梁鸿回来，孟光总是把准备好的饭菜用托盘举到跟眉毛平齐的高度侍候丈夫用餐。夫妻相敬如宾，恩爱有加。

成语人生

在生活中我们总会遇到各种挫折和失败，这时候人们常用"失败是成功之母"这句名言进行劝导，那么这是不是意味着失败越多越成功呢？当然不是。事实上，成功并不是失败的简单叠加，而是对失败的总结与超越。只有从错误和失败中不断吸取教训、总结经验、不断努力，才能走向胜利。反之，如果不知反省，不断"重蹈覆辙"，必将离成功越来越远。

重蹈覆辙

比喻不吸取失败的教训，重犯过去的错误。

探源　《后汉书·窦武传》："今不虑前事之失，复循覆车之轨。"

字解　蹈：踏上。覆：翻倒。辙：车轮碾过后留下的痕迹。

例句　我们隆重纪念抗战胜利，是在警告妄图开历史倒车的政治人物，希望他们不要重蹈覆辙。

易错点睛

"绵"不能写作"棉"。"绵"是指丝绵，是用蚕茧表面的乱丝制成的棉絮状的东西，不是指棉花。

注意辨析"绵里藏针"和"笑里藏刀"两词。前者的感情色彩为中性；后者则含贬义，比喻外表和气，内心却阴险毒辣。

绵里藏针

比喻外柔内刚，多用于性格、书法、言行等。

探源　元·石君宝《曲江柳》："笑里刀剐皮割肉，绵里针剔髓挑筋。"

字解　绵：指丝绵。

例句　小英这招看似老生常谈，实则绵里藏针，话中有话。

微信扫一扫
视频更精彩

黄钟毁弃，瓦釜雷鸣

黄钟毁弃，瓦釜雷鸣

比喻贤才不为重用而庸才却居于高位。

探源 《楚辞·卜居》："世溷浊而不清，蝉翼为重，千钧为轻；黄钟毁弃，瓦釜雷鸣；谗人高张，贤士无名。"

字解 黄钟：黄铜铸的钟，古代一种打击乐器，多为庙堂所有。瓦釜：泥土烧成的锅。

例句 他生活的那个时代，长年战乱，民不聊生，黄钟毁弃，瓦釜雷鸣。

文化密码

黄钟，黄铜铸的钟。此外，黄钟也是音律之一。古人分音乐为十二律，阴阳各六，黄钟为阳六律的第一律。之所以用黄钟指代有德才之人，则主要源自上古礼乐文化。传说西周初年，周公制礼作乐，除制定各种典章规范，举凡祭祀、飨宴等也要有相匹配的舞乐仪式，因此乐器自然成为礼乐制度和文明教化的象征。

以邻为壑 hè

比喻把灾祸、困难推给别人。

探源 《孟子·告子下》："禹之治水，水之道也，是故禹以四海为壑，今吾子以邻国为壑。"

字解 邻：邻居，邻里。壑：沟。

例句 我们坚决反对他们把垃圾场设在我们乡里，这种以邻为壑的做法让人厌恶。

成语故事

战国时，有一个叫白圭的人，擅长治水。无论什么地方的河堤出现裂缝、漏洞、渗水等问题，他都能修好。有一次，孟子在魏国会见了他，他说自己的治水本领比大禹还大。孟子当场反驳他说："你错了。大禹治水，是根据水性进行疏导，把四海当作蓄水沟。而你却把邻国当作大水沟，将洪水引导到别国去，这是损人利己的做法。怎么能与大禹相提并论呢？"

成语人生

中国古人具有优良的读书传统。孔子常教育弟子勤学苦读，如"不学《诗》，无以言""学而不厌""敏而好学"等。孔子身体力行，到晚年仍付出很多时间和精力研习《周易》。李密把《汉书》挂在牛角上，边走边读，一方面表明他勤奋刻苦，喜爱读书；另一方面也说明他懂得利用零散时间。生活中，我们在坐车、等人时也有很多零散时间，如果能够善加利用，积少成多，一定会有意想不到的收获。

牛角挂书

形容勤奋苦读。也形容悠闲自在地读书。

探源 《新唐书·李密传》："[李密]闻包恺在缑山，往从之。以蒲鞯乘牛，挂《汉书》一帙角上，行且读。"（蒲鞯：用蒲草编的垫子。一帙：一套书。）

例句 他把学习作为自己的终身爱好，攻苦食淡，牛角挂书，靠着刻苦勤奋、全心努力而取得了斐然成就。

易错点睛

近义词：殷鉴不远。
《诗经·大雅·荡》："殷鉴不远，在夏后之世。"意为可供殷商王朝借鉴的国家覆灭的教训并不遥远，就在夏桀那一代。后也用于泛指前人的教训，侧重强调教训就在眼前。

前车之鉴

比喻可作为鉴戒的前人失败的教训。

探源 《荀子·成相篇》："前车已覆，后未知更，何觉时？"（前车已翻，后车不知更改，何时才能觉悟。）

字解 鉴：镜子，借指教训。

例句 过高的通胀率会损害一个国家的经济发展和社会稳定，这方面早有前车之鉴。

微信扫一扫
视频更精彩

笨鸟先飞

水滴石穿

比喻力量虽小,但只要目标专一,持之以恒,也能把艰难的事情完成。

探源 《汉书·枚乘传》:"泰山之霤穿石,单极之绠断干。水非石之钻,索非木之锯,渐靡使之然也。"(霤,读liù,屋檐滴水的地方,这里指滴落的水。)

例句 要攀登科学技术高峰,就必须要有持之以恒、水滴石穿的精神。

文化密码

在道家传统学说里,水是至善至柔的象征,既温柔绵密,又汹涌浩荡。《老子》曰:"上善若水。水善利万物而不争,处众人之所恶,故几于道。"意思是水善于滋润万物而不与万物相争,停留在众人都不喜欢的地方,所以最接近于"道"。世界上最柔的东西莫过于水,然而它却能穿透最为坚硬的东西,"水滴石穿"就是水之"柔德"的有力证明。

杯弓蛇影

比喻疑神疑鬼,自相惊扰。

探源 汉·应劭《风俗通义》:"时北壁上有悬赤弩,照于杯中,其形如蛇。宣畏恶之,然不敢不饮,其日便得胸腹痛切……因谓宣:'此壁上弩影耳,非有他怪。'宣意遂解,甚夷怿,由是瘳平。"

例句 近来恐怖袭击新闻不断,大家多少有点杯弓蛇影。

成语故事

一位先生到别人家做客,饮酒时对面墙上的弓映在酒杯里,仿佛蛇一样,这位先生惊恐异常,却又不好意思不喝,勉强喝完酒,回家就病倒了,多方求医问药也不济于事。后来主人听说这件事,再次将他请到家里,告诉他蛇影是弓的倒影,并当面将弓取下,蛇影果然消失了,于是他的病不治而愈。这个故事除了告诉我们不要疑神疑鬼,其实也暗含心病还须心药医的道理。

01 成语游戏 名副其实

第一组 找出与所列成语相关的历史人物,并将成语与历史人物连线。

1.
负荆请罪	孔子
河东狮吼	廉颇
投笔从戎	班超
韦编三绝	陈季常

2.
望梅止渴	曹植
七步之才	曹操
完璧归赵	勾践
卧薪尝胆	蔺相如

3.
闻鸡起舞	王羲之
江郎才尽	吕不韦
一字千金	江淹
入木三分	祖逖

4.
纸上谈兵	匡衡
刮目相看	吕蒙
破釜沉舟	赵括
凿壁偷光	项羽

5.
东山再起	韩信
暗度陈仓	苻坚
鞠躬尽瘁	诸葛亮
草木皆兵	谢安

第二组 找出与所列成语相关的历史人物,并将成语与历史人物连线。

1.
图穷匕见　　　　　蔡桓公
洛阳纸贵　　　　　荆轲
不为五斗米折腰　　左思
讳疾忌医　　　　　陶渊明

2.
三顾茅庐　　　　　赵云
一身是胆　　　　　刘备
高山流水　　　　　伯牙、钟子期
梦笔生花　　　　　李白

3.
乐不思蜀　　　　　刘禅
一鼓作气　　　　　曹刿
悬梁刺股　　　　　孙敬、苏秦
约法三章　　　　　刘邦

4.
背水一战　　　　　岳飞
精忠报国　　　　　孟尝君
鸡鸣狗盗　　　　　刘禹锡
前度刘郎　　　　　韩信

5.
指鹿为马　　　　　赵高
口蜜腹剑　　　　　孟光
围魏救赵　　　　　李林甫
举案齐眉　　　　　孙膑

| 成语达人 | 阳光母女组合（张骁、王立萍）

第二章
星星之火，可以燎原

释义： 一点小火星可以把整个原野烧起来。比喻小事可以酿成大变。也比喻新生事物开始虽然弱小，但有广阔的发展前途。

探源：《尚书·盘庚上》："若火之燎于原，不可向迩。"

第一关　牛刀小试　看图片，猜成语。（答案见221页）

1.

2.

3.

4.

第二关　登堂入室　看图片，猜成语。（答案见221页）

1. ☐☐☐☐☐

2. ☐☐☐☐☐

3. ☐☐☐☐☐（5字）

5. ☐☐☐☐☐

4. ☐☐☐☐☐

002页 锦囊妙计

1. 耳朵听到的东西不可信，亲眼见到的才是真实的。
2. 出自王羲之《兰亭集序》，形容山高而陡。
3. 年轻力壮的时候不努力，到了老年，就只能白白地悲伤后悔。
4. 顾不得睡觉，忘记了吃饭。形容专心努力。
5. 干旱了很久，忽然遇到一场好雨。

本页锦囊妙计在第030页下方。

第三关　炉火纯青　看图片，猜成语。（答案见221页）

1. ☐☐☐☐☐

2. ☐☐☐☐☐

3. ☐☐☐☐☐

4. ☐☐☐☐☐

5. ☐☐☐☐☐

003 页　锦囊妙计

1. 比喻学问、事业虽然取得了很大成绩，但还要争取更大进步。
2. 比喻使用不当，浪费人才。
3. 出自《史记·淮阴侯列传》，指越多越好。
4. 比喻心甘情愿地上圈套。
5. 形容公正严明，不怕权势，不讲情面。

本页锦囊妙计在第 031 页下方。

成语人生

孔子曰:"见义不为,无勇也。"见义勇为是中华民族的传统美德。然而,还是有不少人在他人身陷危难时不肯施以援手。小悦悦的悲剧、老人当街摔倒无人扶等事件,让人寒心。固然存在少数人假摔、碰瓷、讹诈,也有见义勇为者反被纠缠,但这并不能成为我们见危难而不救的借口。见义勇为的优良传统,也许正是拯救当下冷漠心灵的一剂良药。

拔刀相助

拔出刀来帮助被欺负的人。指主持正义,见义勇为。

探源 宋·释道原《景德传灯录》卷二十二:"师曰:'路见不平,所以按剑。'"元·李行道《灰阑记》:"赖张林拔刀相助,才得他子母团圆。"

例句 电影的主人公是一位路见不平、拔刀相助的江湖英雄。

易错点睛

近义词:狗仗人势。

注意辨析"狐假虎威"和"狗仗人势"两词。两者都有倚仗权势欺压人之意,但在使用中却有区别:前者出自《战国策》,较为典雅,多作为书面语;后者贬义色彩浓重,多用于口语。

狐假虎威

狐狸借老虎之威吓退百兽。比喻倚仗别人的威势吓唬、欺压人。

探源 西汉·刘向《战国策·楚策一》:"虎求百兽而食之,得狐。……虎以为然,故遂与之行,兽见之皆走。虎不知兽畏己而走也,以为畏狐也。"

字解 假:凭借。

例句 少数国家狐假虎威,企图趁机侵犯中国主权,这些都是徒劳的。

微信扫一扫
视频更精彩

甘雨随车

对牛弹琴

对着牛弹琴，比喻说话不看对象，对外行说内行话，或对不讲理的人讲道理。

探源 汉·牟融《理惑论》："公明仪为牛弹清角之操，伏食如故。非牛不闻，不合其耳矣。"

例句 跟那些为了赚钱可以昧着良心不择手段的人讲诚信，无异于对牛弹琴。

文化密码

琴文化是中国传统文化的重要组成部分。"琴棋书画"号称"文人四友"，是文人士大夫们的必修课程。这里的琴主要指古琴，古琴弹奏很讲究，往往要净手焚香，甚至有六忌（寒、暑、风、雨、雷、雪）和七不弹（闻丧、为乐、事冗、不净身、衣冠不整、不焚香、不遇知音）之说。

与琴相关的成语还有"剑胆琴心""焚琴煮鹤""琴瑟静好"等。

甘雨随车

用于称颂地方官员施行德政，造福于民。

探源 《艺文类聚》卷五〇引三国·吴·谢承《后汉书》："百里嵩为徐州刺史，州境遭旱，嵩行部，传车所经，甘雨辄注。"

字解 甘雨：及时雨。

例句 他是一个清正廉洁、为百姓谋福的官员，他在什么地方任职，就能造福一方，犹如甘雨随车。

成语故事

东汉末年，百里嵩出任徐州刺史，为官清廉，关心百姓。有一年，他任职境内大旱，他到各县察看旱情，他巡车所到的地方，立降大雨，旱情得到解决。东海、祝其、合乡三县的百姓对他说："我们那里也是你任职的境内，你为什么不到我们那里？"百里嵩于是前往此三县，雨又随着他的巡车而降。当时人们称他为"刺史雨"，后代便用"甘雨随车"来称颂施行仁政的官员。

成语人生

北宋时，四十多岁的杨时已经学有所成，名声在外，然而他为了追求更精深的学问，不仅远道去向程颐求学，还十分真诚谦恭。国人讲究师道，认为"师徒如父子"。父母生养我们，而学习则需要依靠先生的教导，因此将师与"天地君亲"并列侍奉。

尊敬师长是每一位学生应具有的道德品质，主要体现在尊重老师的职业、尊重老师的劳动成果、勇于接受老师的批评教育等。

程门立雪

旧指学生恭敬受教，后用来形容尊师重道。

探源　《二程外书》："游、杨初见伊川，伊川瞑目而坐，二子侍立，既觉，顾谓曰：'贤辈尚在此乎？日既晚，且休矣。'及出门，门外之雪深一尺。"

例句　礼贤下士、程门立雪，拜专家为师，是每一个企业主管都应该做到的。

易错点睛

近义词：风声鹤唳、杯弓蛇影。

"风声鹤唳"侧重于听到某些声音或消息而惊慌失措；"杯弓蛇影"则侧重于将虚幻的看成真实的，而疑神疑鬼产生恐惧。"草木皆兵"则指在发生某些事后，人处于惊慌失措的状态，因而疑神疑鬼。

草木皆兵

把草木都看成了士兵，形容人在惊慌时疑神疑鬼。

探源　《晋书·苻坚载记下》："坚与苻融登城而望王师，见部阵齐整，将士精锐；又北望八公山上草木皆类人形，顾谓融曰：'此亦勍敌也，何谓少乎？'怃然有惧色。"

字解　皆，全，都。兵，士兵，军队。

例句　面对短期经济增速的小波动，不必草木皆兵，要有战略定力，看阶段、看长远。

微信扫一扫
视频更精彩

别有洞天

别有洞天

另有一种不同于一般的境界。多形容风景幽雅，引人入胜。

探源 唐·章碣《对月》诗："别有洞天三十六，水晶台殿冷层层。"金·元好问《济南杂诗十首》之四："别有洞天君不见，鹊山寒食泰和年。"

例句 猛一个转弯，瀑布就挡在面前，路断了，悬梯偎着瀑布，真是别有洞天。

文化密码

洞天，道教语，指神仙居住的名山胜地，有王屋山等十大洞天，泰山等三十六小洞天。东晋《道迹经》曰："五岳及名山皆有洞室。""洞天"的意思即"山中有洞室通达天庭"。因为传说中仙人居住的"洞天"都是风景清幽、不染凡尘的所在，亦即李白所说的"别有天地非人间"，所以后人常用"洞天"泛指风景胜地。

近义词为"洞天福地"，指神仙居住的名山胜地，比喻风景优美的地方。

按图索骥

比喻做事死守教条，而不懂变通。也泛指依据一定的线索去寻找事物。

探源《汉书·梅福传》："今不循伯者之道，乃欲以三代选举之法取当世之士，犹察伯乐之图，求骐骥于市，而不可得，亦已明矣。"

字解 按：按照。索：寻找。骥：良马。

例句 现在的手机地图很方便，输入目的地，就可以按图索骥到达你要去的任何地方。

成语故事

春秋时，孙阳极善相马，被称为伯乐（传说天上管理马匹的神仙名伯乐）。他把相马经验写成《相马经》，配上各种马的图画。其子将《相马经》背得烂熟，就认为自己掌握了相马的要义。一天他在路边看见一只癞蛤蟆，想起书上说的良马的标准：额头隆起，眼睛明亮，有四个大蹄子，就得意扬扬地把蛤蟆带回家。伯乐哭笑不得："你抓的'马'是很能跳，可惜不能骑啊！"

成语人生

唐代名臣魏征在《谏太宗十思疏》中云："怨不在大，可畏惟人。载舟覆舟，所宜深慎。"意思是无论事大事小，都不可做使人民怨恨的事。水可以载舟，也可以覆舟，应当深切警惕。

领导干部如果不能执政为民，不能为百姓负责，不能给百姓办好事、实事，就势必会引起人民的不满。而人心向背则是关乎社会稳定和国家富强的大事，不可轻忽。

比喻百姓是决定政权兴衰的根本力量。

载舟覆舟

探源 《荀子·王制》："传曰：'君者舟也，庶人者水也，水则载舟，水则覆舟。'此之谓也。"

字解 载：承载。覆：倾覆。

例句 邓公并没有讳言载舟覆舟，也没有讳言政府必须以民为本，公信天下。

易错点睛

尚，是注重的意思，不可写作"上"。

"礼尚往来"的近义成语是"投桃报李"，比喻彼此友善往来或互相赠送东西。

指礼节上应该有来有往。现也指以同样的态度或做法回答对方。

礼尚往来

探源 《礼记·曲礼上》："太上贵德，其次务施报，礼尚往来，往而不来，非礼也；来而不往，亦非礼也。"

字解 礼：礼节。尚：注重。

例句 正常的礼尚往来与送礼行贿或凭借权势大肆敛财有着根本的区别。

微信扫一扫
视频更精彩

比翼双飞

天衣无缝

天神穿的衣服没有缝。后用来比喻事物完美自然,没有破绽。

探源 《太平广记》卷六八引《灵怪集》:"徐视其衣并无缝,翰问之,谓翰曰:'天衣本非针线为也。'"

字解 天衣:天神穿的衣服。

例句 要确保这一制度天衣无缝,还须用与时俱进的法则,革除权力和金钱的魔性。

文化密码

"天衣"一词来自印度,原本指佛经中诸天人所着服装。"天衣"的概念随着佛经传入中国后,又融入道教、民间传说等元素,最终成为神仙所着之衣的代称。

"天衣无缝"的近义词是"完美无缺"。两者都有"十分完美"的意思,但前者强调事物精巧完美,没有破绽,而后者强调事物极其完美,没有缺点。"完美无缺"还可以形容人,而"天衣无缝"则不可。

刮目相看

改变旧的印象,用新眼光看人。

探源 《三国志·吴书·吕蒙传》注引《江表传》:"'吾谓大弟但有武略耳,至于今者,学识英博,非复吴下阿蒙。'蒙曰:'士别三日,即更刮目相待。'"

字解 刮目:擦拭眼睛。

例句 新生代导演的崛起,令人对导演界刮目相看。

成语故事

吕蒙是三国时吴国大将,颇有战功,但不爱读书。吴主孙权劝诫他多读书,只有多读书才能增长见识、开阔视野,练就更好的战略眼光。吕蒙很受教,果然开始认真向学。过了一段时间,吴国另一位大将鲁肃经过吕蒙驻地,顺便来见他。原本鲁肃对吕蒙颇为轻视,认为他粗鄙无文,可是言谈之间发现吕蒙才学大进,于是大为称赞,吕蒙听后说道:"士别三日,即更刮目相待。"

成语人生

想要到南方的楚国去，却驾着车往北走，即使马匹再精良，盘缠再充足，车夫再优秀，也只会离楚国越来越远。

我们在做任何事情之前，首先一定要选好正确的方向，再借助那些有利的条件，才能事半功倍获得成功。如果一开始就将方向选错了，那么无论有多少有利条件也无济于事，甚至可能起到相反的作用，让我们离目标越来越远。

易错点睛

荜，不可写作"壁"。荜，指用荆条、竹木之类编成的门或篱笆，不是指墙壁。注意，"蓬荜生辉"多用作主人对来客的敬语，客人不能用其赞美主人的房子漂亮，也不能作为到别人家做客的敬语。

微信扫一扫 视频更精彩

蓬荜生辉

长袖善舞

南辕北辙

比喻行动和目的截然相反。

探源 《战国策·魏策四》："犹至楚而北行也。"

字解 辕：车辕，车前面驾牲口的直木。辙：车轮压出的痕迹。

例句 官网休眠，官微沉默，这显然与信息公开南辕北辙。

蓬荜生辉 bì

多表示对他人的来访或题赠诗文字画等感到非常荣幸。

探源 宋·郑伯敦《请清老茶榜》："废帚蔽庐，祗安圣像，辎軿俯眷，蓬荜生辉。"

字解 蓬荜："蓬门荜户"的省略语。用蓬草编的门，用荆条、竹木之类编成的篱笆。借指穷苦人家住的简陋的房屋。

例句 王先生阖府光临，令寒舍蓬荜生辉。

泛指升学考试被录取。

金榜题名

探源 五代·王定保《唐摭言》："金榜题名墨尚新，今年依旧去年春。花间每被红妆问，何事重来只一人。"

字解 金榜：科举时代公布殿试录取者的黄榜。题名：写上姓名。

例句 金榜题名固然可喜，但理想受挫也不必悲观。

文化密码

隋唐以降，我国开始以科举取士，将读书、考试和仕进联系起来。

科考需经乡试、省试，最后殿试。全国读书人众多，而被录取者有限，竞争十分激烈，也因此产生种种悲欢故事。黄梅戏《女驸马》中"我也曾赴过琼林宴，我也曾打马御街前"的唱词，就体现出金榜题名的兴奋和喜悦。至于范进中举后竟发起疯来，则从侧面反映出科举时代读书人的悲剧。

比喻客观条件优越就容易把事情办好。也形容有手腕的人善于钻营。

长袖善舞

探源《韩非子·五蠹》："鄙谚曰：'长袖善舞，多钱善贾。'此言多资之易为工也。"

字解 善：擅长。舞：跳舞。

例句 所谓长袖善舞，拥有这样先进的生产设备，我们这个月的生产业绩一定能更上一层楼。

成语故事

战国末期，韩国公子韩非认为只有推行法治才能国富民强。他多次上书进谏韩王，韩王始终不予采纳。他于是写成《韩非子》一书，书中引用当时的俗语"长袖善舞，多钱善贾"阐明观点：舞者的袖子长了，跳起舞也好看；商人有钱了，经营事业也就容易多了；治理国家也是同样的道理，国家强盛了，可以做的事就多了，国家衰弱，什么事情都无法去实现。

02 成语游戏 求同存异

第一组 找出下面成语的近义成语和反义成语,填到表格的相应位置。

负荆请罪　袖手旁观　落井下石　漏洞百出　黄钟大吕　惶惶不安　不落窠臼
背道而驰　殊途同归　见义勇为　博洽多闻　完美无缺　照本宣科　扶危济困

成　语	近义成语	反义成语
拔刀相助		
天衣无缝		
按图索骥		
南辕北辙		
雪中送炭		

知恩图报　明哲保身　善始善终　尘埃落定　煽风点火　过河拆桥　泼天大祸
息事宁人　比比皆是　自取灭亡　绝无仅有　有始无终　扑朔迷离　矢志不移

成　语	近义成语	反义成语
水落石出		
鸟尽弓藏		
举世无双		
推波助澜		
虎头蛇尾		

高瞻远瞩　舍生取义　拖泥带水　一毛不拔　独树一帜　挥金如土　陈陈相因
独木难支　众志成城　机关算尽　凤毛麟角　利令智昏　坐井观天　一刀两断

成　语	近义成语	反义成语
爱财如命		
标新立异		
见利忘义		
鼠目寸光		
藕断丝连		
孤掌难鸣		

第二组 下面的成语中都包含一对意思相近的词，请将成语补充完整。

惊	心		
生	龙		
狂	风		
满	山		
翻	江		

	叹	气
	棋	布
	途	说
	饭	袋
	嚼	字

山	地		
日	月		
心	手		
欢	乱		
风	浪		

	伤	害
	捕	捉
	平	静
	见	识
	察	观

	瞻	瞩
	兵	将
	敲	击
	思	虑
	凭	据

	灵	妙
	凶	恶
	心	意
	崇	峻
	惊	骇

	作	样
	究	底
	乐	祸
	达	理
	伟	绩

	豪	言
	添	油
	高	楼
	无	忧
	风	驰

	海	天
	甜	蜜
	心	神
	感	戴
	精	细

第三组 下面的成语中都包含一对意思相反的词，请将成语补充完整。

出	神		
来	龙		
浓	妆		
有	恃		
转	危		

	成	拙
	失	彼
	投	明
	至	终
	化	吉

舍	为		
大	无		
走	闯		
取	补		
大	小		

古	今		
朝	夕		
今	昔		
同	异		
改	归		

	惹	生
	弄	成
	远	近
	前	后
	先	后

若	隐		
反	败		
弃	旧		
以	逸		
拈	轻		

	为	守
	后	拥
	西	歪
	后	果
	私	仇

厚	薄		
苦	甘		
积	成		
半	半		
转	为		

由	及		
神	鬼		
好	恶		
寒	暑		
悲	离		

| 成语达人 | 辣辣组合（秦且逸、刘宇光）

第三章
知己知彼，百战不殆

释义：对对方和己方的情况都很了解，就不会失败。也作"知己知彼，百战百胜"。
探源：《孙子·谋攻》："知己知彼，百战不殆。"

• 第一关　牛刀小试 •　看图片，猜成语。（答案见223页）

1.　　　　　　　　　　　　2.

3.　　　　　　　　　　　　4.

第二关 登堂入室 看图片，猜成语。（答案见223页）

1.

2.

3.

4.

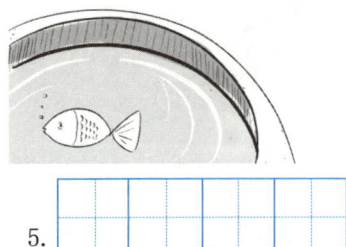

5.

016页 锦囊妙计

1. 用法力制伏龙虎。比喻有极大的能力。
2. 比喻在做事之前已经拿定主意。
3. 比喻礼物虽然微薄但情谊深厚。
4. 鸟叫得好听，花开得喷香。形容大自然的美好景象（多指春季美景）。
5. 形容山势的蜿蜒雄壮，也形容书法笔势生动活泼。

本页锦囊妙计在第044页下方。

• 第三关　炉火纯青 • 看图片，猜成语。（答案见223页）

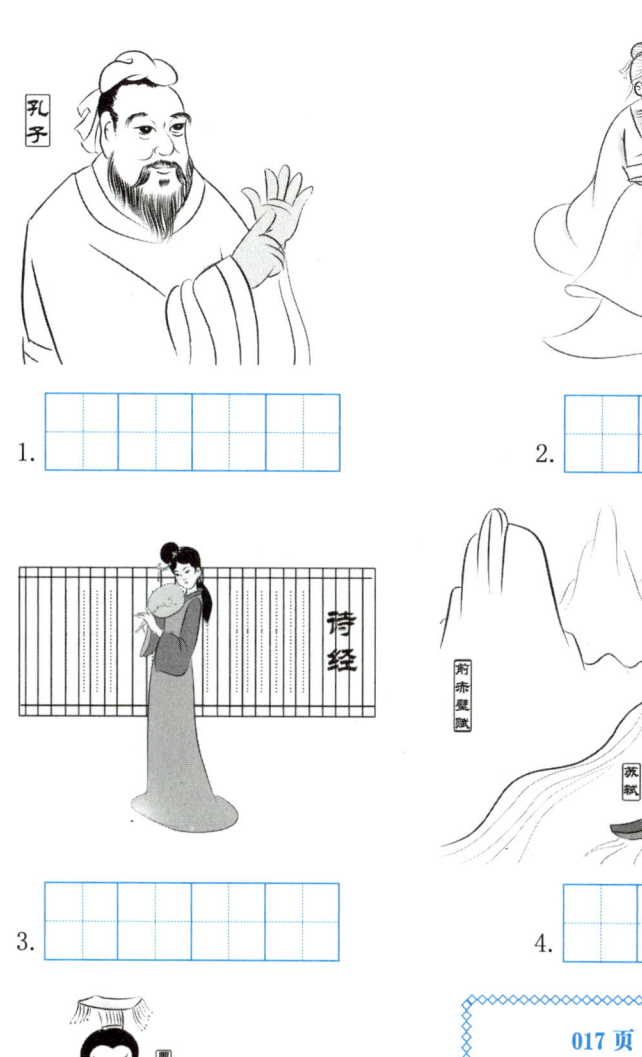

017页 锦囊妙计

1. 比喻有经验的人对事情比较熟悉。
2. 指淡雅和浓艳两种不同的妆饰打扮。也比喻浓淡相间的景色。
3. 比喻暂时勉强维持生存。
4. 晚上连着白天。形容加紧工作或学习。
5. 形容满屋子的人同时大笑。

本页锦囊妙计在第045页下方。

成语人生

"人非圣贤，孰能无过"，犯错误不可怕，就怕知错而不改。

轰动一时的药家鑫案，原本是一场普通的车祸，如果药家鑫将受害人及时送医，可能一切尚可挽回，而当他挥刀刺向受害人，事情则一发不可收拾，最终造成两个家庭的悲剧。

生活学习中，我们还应该做到"有备无患""防微杜渐"，在问题发生前就应做好准备，"防患于未然"，只有这样才能更好地发现和解决问题。

易错点睛

近义词：不胫而走。

汉·孔融《论盛孝章书》："珠玉无胫而自至者，以人好之也，况贤者之有足乎？"意为没有腿却能跑。比喻事物无须刻意推行，就已迅速地传播开去。日常使用中，"不胫而走"常用于形容消息传播得快，"不翼而飞"常用于形容东西突然不见。

亡羊补牢

比喻出了问题及时补救，以免再受损失。

探源　《战国策·楚策四》："见兔而顾犬，未为晚也；亡羊而补牢，未为迟也。"

字解　亡：丢失。牢：牲口圈。

例句　解开垮塌楼面临的种种纠结，让尚未倒塌的危房转危为安，是亡羊补牢的必要之举。

不翼而飞

比喻事情传播得很迅速。也用来比喻东西突然不见了。

探源　《管子·戒》："无翼而飞者，声也。"《战国策·秦策三》："众口所移，毋翼而飞。"

字解　不翼：没长翅膀。

例句　等她忙完了再去看手机时，手机已经不翼而飞。

伯俞泣杖

微信扫一扫
视频更精彩

倾国倾城

形容女子极美。

探源 《汉书·孝武李夫人传》:"延年侍上起舞,歌曰:'北方有佳人,绝世而独立,一顾倾人城,再顾倾人国。宁不知倾城与倾国,佳人难再得。'"

例句 两次荣获奥斯卡金像奖最佳女主角奖的伊丽莎白·泰勒非常美丽,被人们称为"倾国倾城"。

文化密码

自李延年一曲"佳人"动帝王,"倾国""倾城"就成了美女的代称。如李白形容杨贵妃的美貌,就有"名花倾国两相欢,常得君王带笑看"之语。

历史上确有美人"倾国"的说法。周幽王为博取褒姒一笑,而烽火戏诸侯,导致周朝衰败。吴三桂"冲冠一怒为红颜",引清兵入关,大明亡国。然而,将亡国事件归因于美女颇有些牵强。还是罗隐说得好,"西施若解倾吴国,越国亡来又是谁?"

夸父逐日

常用来比喻决心很大,也比喻自不量力。

探源 《山海经·海外北经》:"夸父与日逐走,入日。渴欲得饮,饮于河、渭;河、渭不足,北饮大泽。未至,道渴而死。弃其杖,化为邓林。"

字解 夸父:古代神话中的人物。逐:追赶。

例句 不论干任何事情,都应该有"夸父逐日"的执着和"破釜沉舟"的坚决。

成语故事

相传在北方大荒中一座叫成都载天的大山,那里居住着一个叫夸父的人。他是大神后土的子孙,身高体壮,善于奔跑。一天这位勇士突发奇想,要追上太阳。他向着太阳狂奔,直到太阳落下的地方,觉得又热又渴,于是四处找水喝,谁知一气喝干了黄河、渭水之后还不解渴,转而想去北方的大湖,可惜还没赶到,半路就干渴而死,他的手杖化作桃林。

品读

众口铄金

形容舆论的力量巨大，也比喻人多嘴杂，足可以混淆是非。

成语人生

流言的可怕在于"众口"。有个跟曾子（曾参）同名的人杀了人，有人跑去对他母亲说"曾参杀人"，曾母不信，继续镇定织布；第二个人跑去对她说"曾参杀人"，她仍旧坦然织布；到第三个人说"曾参杀人"时，她就信以为真，翻墙逃走。

当前,通过网络、微博、微信等新媒体传播的谣言也很多,我们应该不信谣、不传谣,做一个有辨别能力的人。

探源 《国语·周语下》："众心成城,众口铄金。"

字解 铄：融化。金：金属。

例句 众口铄金，被真相蒙蔽的舆论，足以将他本人及县政府抹黑。

投桃报李

泛指相互赠答,友好往来。

易错点睛

报，是回报、回赠的意思。不可写作"抱"。

近义词：投木报琼。

"投桃报李"和"投木报琼"都可指互相赠送礼物，表达情谊。但"投桃报李"侧重朋友之谊，"投木报琼"则多用于男女之情。

探源 《诗经·大雅·抑》："投我以桃，报之以李。"

字解 投：赠送。报：回报、回赠。

例句 感恩，能让人变得宽容。你用笑脸去对待周围的一切，别人也自然会投桃报李，用笑脸回馈你，这样你的路会越走越宽。

微信扫一扫
视频更精彩

冯唐易老

循规蹈矩

一举一动都按照规则办事。也指拘守旧准则，不敢稍作变动。

探源 宋·朱熹《答方宾王》："不践迹一章，程子谓循途守辙……循涂守辙，犹言循规蹈矩云尔。"

字解 循：遵守。规：圆规。蹈：踩。矩，曲尺。规矩是定方圆的标准工具，借指行为的准则。

例句 如果文艺批评家循规蹈矩，不敢越雷池一步，那么文艺批评就会丧失锋芒。

文化密码

规矩，来自木匠术语。"规"指圆规，生活中需要打制的圆桌、圆凳等物品都需要借助圆规。"矩"也是木工用具，即曲尺。曲尺并非弯曲之尺，而是一直一横成直角的尺，是制作方形门窗的必备工具。由于规矩是用来标定方圆的标准工具，因此被用来指代行为准则，如"无规矩不成方圆"。

与"规""矩"类似，"绳墨"（木匠用来打直线的墨线）也可用来比喻规矩、准则或法度。

破镜重圆

比喻夫妻离散后重又团聚或夫妻离婚后重又团圆。

探源 唐·孟棨《本事诗·情感》。

字解 镜，指铜镜。

例句 魏继中获得"2013年度正义人物奖"。他让很多夫妻关系破裂的家庭破镜重圆，也让很多儿童被拐悬案变得峰回路转。

成语故事

南朝陈即将灭亡的时候，陈太子舍人徐德言与妻子乐昌公主怕亡国后两人不能相保，就打破一块铜镜，两人各拿半个，并相约在正月十五日卖破镜于京城，以求再相见。陈亡后，乐昌公主流落到越国公杨素家里。德言辗转至京城，见公主的仆人在卖半镜，自己的镜子与他的正好相合，于是题诗给公主，欲"破镜重圆"。杨素听说此事，就把公主归还德言，两人一起回到江南，直至白头偕老。

品读

成语人生

提到"削足适履",很多人可能会想起《灰姑娘》里的两个姐姐,她们为了穿上水晶鞋不惜削去脚上的肉。现实生活中不可能真有"削足适履"的人,但思想僵化,办事生搬硬套的人却不少。就拿学习方法来说,每个人的情况都不相同,有人热爱思考,有人喜欢背诵,有人善于提出问题,有人善于解决问题,有人擅长形象思维,有人擅长逻辑推理,如果一味照搬他人的学习方法,就无异于"削足适履"。

削足适履

比喻不合理地迁就凑合或不顾具体条件生搬硬套。

探源 《淮南子·说林训》:"骨肉相爱,谗贼间之,而父子相危。夫所以养而害所养,譬犹削足而适履,杀头而便冠。"

字解 适:适应。履:鞋。

例句 在教学方法上,生搬硬套、削足适履不仅是不可取的,而且是十分有害的。

易错点睛

近义词:门庭冷落。

二者都形容来客稀少,但"门可罗雀"强调门前人少到可以张网捕雀,更形象更具体,语义也较"门庭冷落"为重。

门可罗雀

形容来客稀少,门庭十分冷落。

探源 《史记·汲郑列传》:"下邽翟公有言,始翟公为廷尉,宾客阗门;及废,门外可设雀罗。"

字解 罗雀:张网捕雀。

例句 一边是社区医院"门可罗雀",一边是大医院"人满为患",这样的对比挺无奈。

微信扫一扫
视频更精彩

衔环结草

泰山北斗

比喻名望很高，为众人所敬仰的人。

探源 《新唐书·韩愈传赞》："自愈没，其言大行，学者仰之如泰山北斗云。"

字解 泰山：山名，五岳之一，在山东省泰安市。北斗：北斗星。

例句 美联储主席伯南克曾评价萨缪尔森是经济学领域最伟大的导师之一，经济学界的泰山北斗。

文化密码

泰山在中国文化中具有极尊崇的地位。传说盘古开天辟地后，身躯化为五岳，其中头部即为东岳泰山。泰山主峰玉皇顶海拔1545米，在平坦开阔的齐鲁平原上犹显"一览众山小"的高大厚重，因此被誉为"五岳之长"。同时，传统文化认为东方为万物生发之地，泰山作为"东岳"，成为历代帝王封禅祭天所在。自秦汉至明清，历代皇帝到泰山封禅27次，也为泰山赢得了"五岳独尊"的地位。

乐不思蜀

原指蜀后主刘禅甘心为虏不思复国。后用来泛指乐而忘返。

探源 《三国志·蜀书·后主传》裴松之注引《汉晋春秋》："问禅曰：'颇思蜀否？'禅曰：'此间乐，不思蜀。'"

字解 蜀：三国时蜀汉，在今四川东部、重庆、云南、贵州北部及陕西汉中一带。

例句 每次带着女儿回老家探亲，女儿都"乐不思蜀"。

成语故事

三国时期，刘备建立蜀汉政权，与曹操、孙权三分天下。他死后，继位的刘禅昏庸无能，蜀汉最终被曹魏所灭，刘禅受封"安乐公"，迁往洛阳居住。一次宴会上，魏国权臣司马昭故意安排表演蜀地歌舞。刘禅的随从有感于故国沦丧，十分悲伤，刘禅却嬉笑如常，丝毫没有难过的样子。还有一次，司马昭问："你思念蜀国吗？"刘禅回答说："这里很好，我不想念蜀国。"

成语人生

孔子说"君子周急不济富",意思是君子只周济急需救济的人,而不周济富裕(指不需要帮助)的人。诚然,在别人得意时,给以帮助,是"锦上添花";在别人真正困难时,施以援手,才可以说是"雪中送炭"。

自然灾害发生时,往往是受灾地区居民最需要别人帮助的时候,这时候送上衣服、食物、帐篷等就是真正的"雪中送炭"。

雪中送炭

下雪天给人送炭取暖。比喻在别人急需时给以帮助。

探源 宋·高登《觅蠹椽》诗:"雪中送炭从来事,况写羁躬觅蠹椽。"

字解 炭:木炭。

例句 这笔奖金对于这个在外漂泊十几年,面临种种困境的家庭而言,真可谓是雪中送炭。

易错点睛

近义词:手到擒来。

元·康进之《李逵负荆》:"这是揉着我山儿的痒处,管教他瓮中捉鳖,手到拿来。"擒,捉。原指一出手就能把人捉拿过来,后用来比喻做事毫不费力,或很有把握。"手到擒来"多用于口语,"探囊取物"则常用于书面语。

探囊取物

把手伸进口袋里去拿东西。比喻办成某件事非常容易,毫不费力。

探源 《新五代史·南唐世家·李煜》:"中国用吾为相,取江南如探囊中物尔。"

字解 探:把手伸进去拿。囊:口袋。

例句 如果把"雷霆"比作一杆长矛,那么杜兰特就是长矛的锋芒利刃,万马军中取上将首级如探囊取物。

微信扫一扫
视频更精彩

风雨同舟

三足鼎立

比喻三方并立对峙的局面。

探源 《史记·淮阴侯列传》："诚能听臣之计，莫若两利而俱存之，参分天下，鼎足而居，其势莫敢先动。"（参：同"三"。）

字解 鼎：古代青铜制的炊具，一般为三足两耳。

例句 赛季开始前，外界普遍认为广东宏远、北京首钢和新疆天山的三足鼎立仍将是本赛季CBA的最大看点。

文化密码

鼎，古代青铜制的炊具，一般为三足两耳，因此形容三方并立、互相对峙常作"鼎峙""鼎足"等。同时，鼎作为祭祀礼器，也被视为国之重器，是政权的象征。传说夏朝初年，大禹分天下为九州，令九州州牧献青铜，铸九鼎，将九州的名山大川、奇异之物镌刻于九鼎之上，以一鼎象征一州，并将九鼎集中于夏王朝都城。春秋时楚庄王曾"问鼎之轻重"，就被认为是觊觎王权之意。

风雨同舟

风雨之时，同渡一舟，比喻互相支持、帮助，共渡危难。

探源 《孙子·九地》："夫吴人与越人相恶也，当其同舟而济，遇风，其相救也如左右手。"

字解 同舟：共处一舟。

例句 在抗震救险中，士兵和灾民风雨同舟，创造了一个又一个生命奇迹。

成语故事

春秋战国时，吴国和越国是敌对之国，交战不断，生灵涂炭。吴国人认为是越国人引起的战争，越国人认为是吴国人挑起的战乱，互相怨恨。有一次，吴国人和越国人碰巧同乘一条船过河。开始时，他们心怀怨恨，互不理睬。突然，狂风呼啸，巨浪滔天，渡船随时都可能被淹没。于是他们忘记仇恨，齐心协力，终于使船渡过危难，安全达到彼岸。

03 成语游戏 风霜雨雪

第一组 把含有例字的成语补充完整，并从中选择合适的成语填入句子中。

山	（ ）山北斗	海（ ）山盟	山重水（ ）
	▶ 前方（ ）（ ）（ ），路途尚远，真不知何时可以到达。		
河	海（ ）河清	（ ）虎冯河	口若（ ）河
	▶ 身为将军，切不可（ ）（ ）（ ）（ ），有勇无谋，令战士白白地牺牲。		
湖	湖（ ）山色	五湖（ ）（ ）	襟（ ）带湖
	▶ 杭州城（ ）（ ）（ ）（ ），风景怡人。		
海	沧海一（ ）	沧海（ ）田	（ ）（ ）填海
	▶ 地球在广袤的宇宙中，不过是（ ）（ ）（ ）（ ）。		
江	江山（ ）（ ）	过江之（ ）	江河（ ）（ ）
	▶ 来北京求发展的书画家多如（ ）（ ）（ ）（ ），竞争非常激烈。		
天	石（ ）天（ ）	（ ）（ ）忧天	经天（ ）地
	▶ 这人实在有（、）（ ）（ ）（ ）之才啊！		
地	画地为（ ）	人（ ）地（ ）	洞天（ ）地
	▶ 天府之国，钟灵毓秀，（ ）（ ）（ ）（ ）。		
日	（ ）父（ ）日	日（ ）西山	如日（ ）天
	▶ 一些传统工艺随时间的流逝渐渐衰落，显出（ ）（ ）（ ）（ ）的暮气。		
月	（ ）花水月	七月（ ）火	闭月（ ）花
	▶ 一梦成空，仿佛（ ）（ ）（ ）（ ），让他唏嘘不已。		
星	寥若（ ）（ ）	斗转（ ）（ ）	披（ ）戴（ ）
	▶ 有人说，这个时代，学术大师（ ）（ ）（ ）（ ），江湖"大师"人才辈出。		

第二组 把含有例字的成语补充完整，并从中选择合适的成语填入句子中。

阴	阴差阳（　）	阳奉（　）违	阴（　）（　）气
	▶ 因为心里不痛快，他说话总是（　）（　）（　）（　）的。		

晴	雨（　）（　）晴	晴天（　）（　）	人间重（　）晴
	▶ 云开雾散，（　）（　）（　）（　），阳光洒满了院子。		

雨	甘（　）随车	风雨如（　）	未雨绸（　）
	▶ 我们必须（　）（　）（　）（　），及时采取措施，减少负面影响。		

雪	雪中送（　）	（　）（　）立雪	傲雪欺（　）
	▶ 锦上添花，不如（　）（　）（　）（　）。		

风	栉（　）沐（　）	（　）（　）残年	（　）（　）亮节
	▶ 这里明清古建筑很多，但大都已如（　）（　）（　）（　）的老者，七倒八歪，衰败不堪。		

霜	（　）霜（　）雪	六月（　）霜	（　）上加霜
	▶ 这些女交警都是历经（　）（　）（　）（　）而长开不败的高贵兰花。		

春	（　）（　）回春	春风化（　）	春华秋（　）
	▶ 刘老师对同学们的关爱犹如（　）（　）（　）（　），润物无声。		

夏	夏雨（　）人	春生夏（　）	夏虫不可语（　）
	▶ 他的眼光过于短浅，真是（　）（　）（　）（　）（　）（　）。		

秋	（　）（　）三秋	一叶（　）秋	明察秋（　）
	▶ 出门在外，思家心切，真是（　）（　）（　）（　），恨不能插翅而归。		

冬	秋收冬（　）	冬温（　）（　）	冬日可（　）
	▶ 古人说"（　）（　）（　）（　），夏日可畏"，冬日的阳光总是给人温暖舒适的感觉。		

成语达人 北大才女组合（梁鹤也、吕思瑶）

第四章
八仙过海，各显神通

> **释义：** 相传八仙过海时不用舟船，各有一套法术。比喻各有各的本领，各有各的身手。"各显神通"也可用"各显其能"。
>
> **探源：** 明·无名氏《八仙过海》第二折："则俺这八仙过海神通大，方显这众圣归山道法强，端的万古名扬。"

●第一关　牛刀小试● 看图片，猜成语。（答案见224页）

1. ☐☐☐☐☐

2. ☐☐☐☐☐

3. ☐☐☐☐☐

4. ☐☐☐☐☐

第二关　登堂入室

看图片，猜成语。（答案见224页）

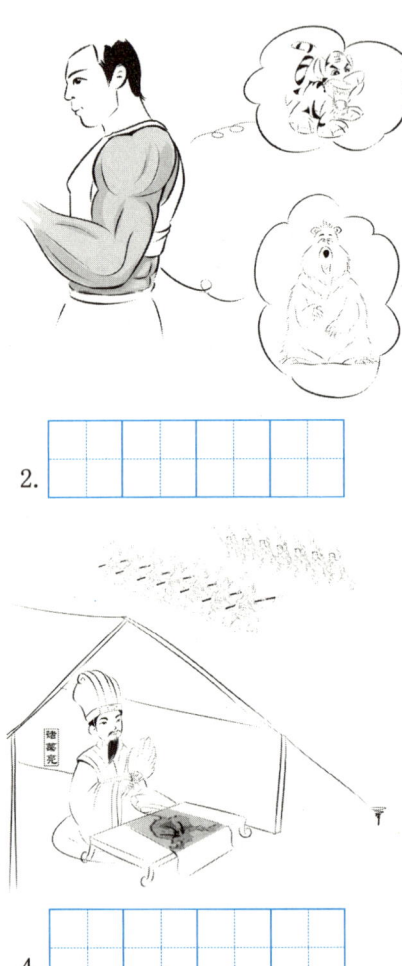

1. ☐☐☐☐☐
2. ☐☐☐☐☐
3. ☐☐☐☐☐
4. ☐☐☐☐☐
5. ☐☐☐☐☐

030页 锦囊妙计

1. 好像老虎长上了翅膀。
2. 为了便于乘机行事，设法引诱对方离开原来的地方。
3. 骑在老虎背上不能下来。
4. 比喻照着样子模仿。
5. 比喻陷入困境、失去自由的人。

本页锦囊妙计在第058页下方。

• 第三关　炉火纯青 • 看图片，猜成语。（答案见224页）

1. ☐☐☐☐☐

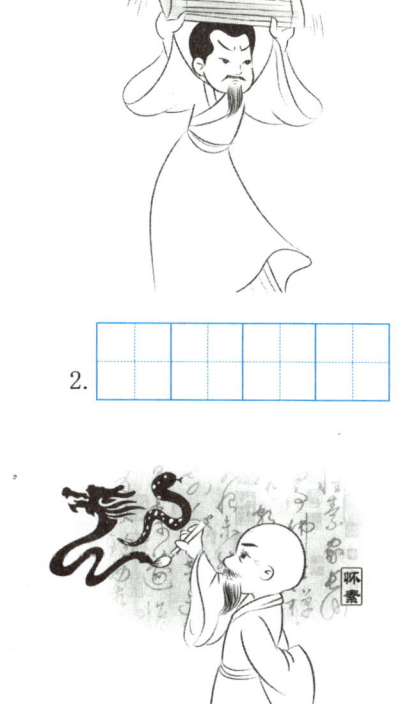

2. ☐☐☐☐☐

3. ☐☐☐☐☐

4. ☐☐☐☐☐

5. ☐☐☐☐☐

031页 锦囊妙计

1. 形容对事物了解得非常清楚。
2. 比喻人到了接近死亡的晚年。
3. 美丽善良的女子（多指未出嫁的姑娘）。
4. 形容船又小又轻。
5. 比喻人或事情已经坏到了无法挽救的地步。出自《诗经·大雅·板》，该诗据说是凡伯"刺厉王"之作。

本页锦囊妙计在第059页下方。

品读

成语人生

《老子》云："祸兮，福之所倚；福兮，祸之所伏。"世事多变，生活并不会遵从某一个人的愿望发展，我们要时刻保持一份冷静，用辩证的眼光看待福与祸。当获得成功、一帆风顺时，不可得意忘形，应保持恬淡的心境，警惕乐极生悲；当面对苦难挫折时，也不用萎靡不振，应保持乐观的心态，勇敢面对困难，并积极发现困难背后蕴含的机遇。

塞翁失马

比喻因祸得福，坏事在一定的条件下会变成好事。

探源 《淮南子·人间训》："近塞上之人有善术者，马无故亡而入胡。人皆吊之。其父曰：'此何遽不为福乎？'居数月，其马将胡骏马而归。人皆贺之。"

字解 塞：边塞。翁：老头儿。

例句 塞翁失马，焉知非福，这场大病让他彻底戒了烟酒，并开始坚持锻炼身体。

易错点睛

厉，通"砺"，指用磨刀石将兵器磨利，不可写作"历"。

秣，意为喂牲口，不可写作"末"。

近义词：盛食厉兵。意思是吃饱饭，磨快兵器。比喻做好战斗准备。

厉兵秣马（mò）

原指做好战斗前的准备工作。也用来泛指事前做好准备工作。

探源 《左传·僖公三十三年》："郑穆公使视客馆，则束载厉兵秣马矣。"

字解 厉：同"砺"，磨。兵：兵器。秣：喂。

例句 经过多年厉兵秣马，而今中国军团已成为冬奥会上获得奖牌最多的代表队之一。

微信扫一扫
视频更精彩

长绳系日

闲云野鹤

比喻无拘无束、自由自在的人。

探源 元·范康《竹叶舟》第二折:"一生空抱一生愁,千年可有千年寿?则合的蚤回头,和着那闲云野鹤常相守。"

字解 闲:无拘束。

例句 他不但擅长书画,有很深的美学修养和国学功底,且性格潇洒,常如闲云野鹤,游历四方。

文化密码

鹤常被称为仙鹤,与仙、道、人的精神品格有着密切关系,如汉代丁令威修道成功化鹤归来,西湖孤山林和靖妻梅子鹤,南极仙翁身边的仙鹤童子等。鹤常常雌雄相随,步行规矩,情笃而不淫,具有高洁的品性,故古人多用鹤来比喻君子,将修身洁行而有美誉的人称为"鹤鸣之士"。同时,鹤也是长寿的象征,民俗中,鹤常和松画在一起,取"松鹤延年""鹤寿松龄"的寓意。

一笔勾销

泛指把以前的事情全部了断,不再计较。

探源 宋·朱熹《五朝名臣言行录》卷七:"公取班簿,视不才监司,每见一人姓名,一笔勾之。"

字解 勾销:抹掉。

例句 他们两家人终于握手言和,从前的恩恩怨怨一笔勾销。

成语故事

北宋时,著名文学家、政治家范仲淹对官场的腐败现象深恶痛绝。

有一次,他在查考地方官员任职情况时,将那些不称职的官员从名册上一笔勾去,去除职务。富弼对他说:"你这样用笔一勾,他们前程尽毁,家人肯定哭得伤心欲绝了。"范仲淹凛然地回答道:"他们一家子哭,比祸害千家万户,让百姓哭好得多吧!"

品读

成语人生

忠言逆耳利于行，良药苦口利于病。然而，在生活中，要诚心接受逆耳忠言着实不易。首先，要改变自己的思考角度。漂亮话听着好听，对我们未必是好事；批评建议虽让人不快，却可能是自己进步的契机。其次，需要我们敞开胸怀，学习古人闻过则喜的高风亮节，虚心听取批评意见，"有则改之，无则加勉"。

忠言逆耳

给人忠告的言语听起来不舒服，不容易被接受。

探源 《韩非子·外储说左上》："夫良药苦于口，而智者劝而饮之，知其入而已己疾也；忠言拂于耳，而明主听之，知其可以致功也。"

字解 忠言：勤恳劝诫的话。逆耳：听起来不舒服。

例句 忠言逆耳，敢说不易，肯听亦难。生活中，我们不仅要敢讲真话，更需要善纳忠言。

易错点睛

近义词：海市蜃楼。

两词都可比喻不切实际的事物。"空中楼阁"多指幻想，多用于比喻脱离实际的理论、计划、空想等；"海市蜃楼"多指幻境，用来比喻虚无缥缈的事物。

空中楼阁

比喻虚幻的事物或者脱离实际的空想等。

探源 《朱子语类·邵子之书》卷一百："问：'程子谓康节（邵雍）空中楼阁。'曰：'是看得四通八达，庄子比康节亦仿佛相似。'"

例句 他经过调研发现，自己所做的研究并不是空中楼阁，而是能够帮企业解决生产中存在的环境污染问题。

微信扫一扫
视频更精彩

前倨后恭

象牙之塔

指脱离社会现实的文艺家的小天地。

探源 鲁迅《集外集拾遗·关于知识阶级》:"现在比较安全一点的,还有一条路,不做时评而作艺术家,要为艺术而艺术。住在'象牙之塔'里,目前自然要比别处平安。"

例句 陈寅恪先生从青年时代就关心时事,他不是躲避在学术研究的象牙之塔,而是时刻关注着飘摇中的家国的命运。

文化密码

近代中国,为富国强兵、救亡图存,有眼界的先行者倡导"西学东渐",希望借鉴西方先进经验,为中国注入新的血液。文艺作为开民智的重要一环,深受重视,各种文艺理论、文学作品纷纷被引入中国。"象牙之塔"自法国文艺批评界引入,常用来形容文艺家脱离社会现实,沉浸在自身的小天地,多含有贬义。毕竟实践出真知,脱离社会实际的学问,只能是空中楼阁。

凿壁偷光

形容刻苦学习。

探源 晋·葛洪《西京杂记》卷二:"匡衡字稚圭,勤学而无烛,邻舍有烛而不逮。衡乃穿壁引其光,以书映光而读之。"

例句 在那个特殊的年代,他学习古人凿壁偷光的精神,克服常人难以想象的困难,学习古典诗词。

成语故事

汉代人匡衡,年少时勤奋好学,因为家贫买不起书,只能和别人借书读,甚至到有钱人家免费做工,换取主人家的书来读。他白天要外出干活,晚上才能读书,却又没钱买照明的灯烛,十分苦恼。后来他发现邻居家到晚上就会点上蜡烛,就偷偷在墙上凿了个小洞,借着透过来的微弱烛光读书,就这样渐渐博览群书,成为大学问家,最终成为汉元帝的丞相。

成语人生

"买椟还珠"是典型的舍本逐末、本末倒置。我们在平时做事时一定要分清主次，正确取舍，以免像"买椟还珠"的郑人那样做出傻事。

另一方面，这位卖珠的楚人倒是深谙"包装"之道，不但成功达成交易，还额外"赚回"珠宝。这与当下的"天价月饼"等过度包装商品如出一辙，并不值得我们效仿。我们购买商品，最重要的是看重商品质量，千万不能过度追求包装的华美。

买椟还珠

比喻没有眼光，舍本逐末，取舍失当。

探源 《韩非子·外储说左上》："楚人有卖其珠于郑者，为木兰之柜，薰以桂椒，缀以珠玉，饰以玫瑰，辑以羽翠，郑人买其椟而还其珠。此可谓善卖椟矣，未可谓善鬻珠也。"

字解 椟：木匣子。还：退还。

例句 买东西一定要看重商品的内在质量，千万不要做买椟还珠的傻事。

易错点睛

近义词：起早贪黑。

两词都可形容早出晚归，辛苦劳碌。但"披星戴月"还可指夜间赶路，旅途艰辛。另外，"披星戴月"为诗意的表达方式，多用于书面语。"起早贪黑"则多用于口语。

披星戴月

身披星星，头顶月亮。形容早出晚归，辛苦劳碌；或夜间赶路，旅途艰辛。

探源 唐·吕岩 《七言》诗之九四："击剑夜深归甚处，披星带月折麒麟。"

字解 戴：顶着。

例句 为了供养他上学，母亲拼命工作，每天都披星戴月、早出晚归，无论工作多脏多苦都默默承受。

微信扫一扫
视频更精彩

谈虎色变

粉墨登场

指乔装打扮，登上政治舞台，含讥讽意。

探源 清·梁绍壬《两般秋雨盦随笔·清勤堂随笔》："粉墨登场，所费不赀。致滋喧杂之烦，殊乏恬适之趣。"

字解 粉墨：傅粉施墨，指化妆。场：戏场，舞台。

例句 近代以来，各派政治力量粉墨登场，主张实行所谓"君主立宪法治""议会民主法治"等，但都以失败告终。

文化密码

中国传统戏曲的造型文化中，演员表演时要在面部勾画一定颜色的图案，叫作脸谱。不同的脸谱表现剧中人物的不同性格特征。脸谱颜色有白、黑、红、金、蓝等多种，以白粉、油墨等材料涂抹勾画；因此，演戏之前的化妆也叫作粉墨。因为戏剧演员都是装扮成剧中人物上台表演，故"粉墨"也借指乔装掩饰。此外，"粉墨"也常被用来指代戏曲、表演等，如"粉墨生涯""粉墨人家"。

箪食瓢饮

一箪饭，一瓢水。指清贫的生活。

探源 《论语·雍也》："一箪食，一瓢饮，在陋巷，人不堪其忧，回也不改其乐。"

字解 箪：盛饭的圆形竹器。瓢：舀水器具。

例句 游览大好河山，尝遍各地美食固然是一种幸福；而箪食瓢饮居陋巷，静看花开花落、云卷云又何尝不是一种幸福呢？

成语故事

颜回，字子渊，春秋末期鲁国曲阜人，是孔子最得意的弟子。他聪敏过人，勤奋好学：一方面师从孔子，研究学问；另一方面，身体力行，修身养德。虽然过着非常清贫的生活，却一直保持乐观心态，坚持自己的理想追求。可惜的是，颜回一生短暂，英年早逝。他去世的时候孔子曾大声哭泣"天丧予！（上天要我的命啊！），天丧予！"可见孔子对颜回是非常看重的。

成语人生

"君子成人之美,不成人之恶,小人反是。"落井下石,绝非君子所为。生活中,谁也不会一帆风顺。看到身边的人遇到不幸和困难,应该做到"雪中送炭",给予帮助,而不应该幸灾乐祸,甚至落井下石。古语云:"惠不在大,在乎当厄;怨不在多,在乎伤心。"给人帮助不在于多少,在对方危难之时援手,才更显温暖;与人交往,不在于事大事小,千万别伤他的心,否则就很难挽回友谊。

落井下石

比喻乘人有危难的时候,加以打击陷害。

探源 唐·韩愈《柳子厚墓志铭》:"一旦临小利害,仅如毛发比,反眼若不相识,落陷阱,不一引手救,反挤之,又下石焉者,皆是也。"

字解 井:通"阱",指陷阱。

例句 中国对欧债危机没有落井下石,而是维持和推进在欧洲的各种经济活动,参加多边救助。

易错点睛

驷马,指同拉一辆车的四匹马。驷,不可写作"四"。"一言既出,驷马难追"的意思是说错了一句话,四匹马拉的车也追不上。表达相同意思的成语有"驷不及舌""驷马难追"。

一言既出,驷马难追

形容话一出口,就无法收回。

探源《论语·颜渊》:"子贡曰:'惜夫!夫子之说君子也,驷不及舌。'"

字解 既:已经。驷马:同拉一辆车的四匹马。

例句 我怎么主动给自己出这么个难题呢?可一言既出,驷马难追,后悔也来不及了,只好硬着头皮赶鸭子上架。

微信扫一扫 视频更精彩

落井下石

世外桃源

指脱离尘世纷扰的或者虚构的美好地方。

探源 晋·陶渊明《桃花源记》:"忽逢桃花林,夹岸数百步,中无杂树,芳草鲜美,落英缤纷……阡陌交通,鸡犬相闻。其中往来种作,男女衣着,悉如外人。黄发垂髫,并怡然自乐。"

例句 清晨聆听鸟虫鸣唱,夜晚遥望满天繁星,让人仿佛置身世外桃源。

文化密码

陶渊明作《桃花源记》,创造了一个属于中国的伊甸园——那里风景清幽,百姓衣食无忧,民风淳朴。可以说,桃花源寄托了中国人最朴素也最瑰丽的大同之梦。后来更有人结合《幽明录》里刘晨、阮肇山中遇仙女之事,演绎成《刘晨阮肇误入桃花源》的故事,为桃花源的传奇更添一抹浪漫色彩。

指鹿为马

比喻颠倒黑白、混淆是非。

探源 《史记·秦始皇本纪》:"赵高欲为乱,恐群臣不听,乃先设验,持鹿献于二世,曰:'马也。'二世笑曰:'丞相误邪?谓鹿为马。'问左右,左右或默,或言马以阿顺赵高。"

例句 在事实和公理面前,一切信口雌黄、指鹿为马的言行都是徒劳的。

成语故事

秦二世时,赵高图谋篡位,担心朝臣反对,于是想试试他们的想法。一天,赵高让人牵来一只鹿,却对秦二世说献给他一匹马。秦二世一看很奇怪:这明明是鹿,怎么说是马呢?赵高就让大臣们说到底是鹿还是马。有些刚正的大臣坚持认为是鹿;一些胆小又良心未泯的人则不敢说话;而那些见风使舵的人就附和说是马。后来赵高就找借口将那些说是鹿的大臣全部治罪。

04 成语游戏 探本寻源

第一组　读古文，猜成语。

1. 楚人有卖其珠于郑者，为木兰之柜，薰以桂椒，缀以珠玉，饰以玫瑰，辑以羽翠，郑人买其椟而还其珠，此可谓善卖椟矣，未可谓善鬻珠也。
   《韩非子·外储说左上》

2. 范氏之亡也，百姓有得钟者。欲负而走，则钟大不可负；以椎毁之，钟况然有音。恐人闻之而夺己也，遽掩其耳。恶人闻之，可也；恶己自闻之，悖矣。
   《吕氏春秋·自知》

3. 赵高欲为乱，恐群臣不听，乃先设验，持鹿献于二世，曰："马也。"二世笑曰："丞相误邪？谓鹿为马。"问左右，左右或默，或言马以阿顺赵高。或言鹿者，高因阴中诸言鹿者以法。后群臣皆畏高。
   《史记·秦始皇本纪》

4. 匡衡，字稚圭，勤学而无烛，邻舍有烛而不逮，衡乃穿壁引其光，以书映光而读之。邑人大姓文不识，家富多书，衡乃与其佣作而不求偿。主人怪，问衡，衡曰："愿得主人书遍读之。"主人感叹，资给以书，遂成大学。
   《西京杂记·卷二》

5. 管仲、隰朋从于桓公而伐孤竹，春往冬反，迷惑失道。管仲曰："老马之智可用也。"乃放老马而随之，遂得道。
   《韩非子·说林上》

6. 近塞上之人，有善术者，马无故亡而入胡。人皆吊之，其父曰："此何遽不为福乎？"居数月，其马将胡骏马而归。人皆贺之，其父曰："此何遽不能为祸乎？"家富良马，其子好骑，堕而折其髀。人皆吊之，其父曰："此何遽不为福乎？"居一年，胡人大入塞，丁壮者引弦而战。近塞之人，死者十九。此独以跛之故，父子相保。
   《淮南子·人间训》

7. 虎求百兽而食之，得狐。狐曰："子无敢食我也！天帝使我长百兽，今子食我，是逆天帝命也。子以我为不信，吾为子先行，子随我后，观百兽之见我而敢不走乎？"虎以为然，故遂与之行，兽见之皆走。虎不知兽畏己而走也，以为畏狐也。
   《战国策·楚策一》

8. 宋有狙公者，爱狙。养之成群，能解狙之意；狙亦得公之心。损其家口，充狙之欲。俄而匮焉。将限其食。恐众狙之不驯于己也，先诳之曰："与若芧，朝三而暮四，足乎？"众狙皆起怒。俄而曰："与若芧，朝四而暮三，足乎？"众狙皆伏而喜。
   《庄子·齐物论》

第二组 根据古代典籍的原句总结出成语,并填在空格处。

1. 子路,人告之以有过,则喜。	《孟子·公孙丑上》	
2. 同乎流俗,合乎污世。	《孟子·尽心下》	
3. 以无厚入有间,恢恢乎其于游刃必有余地矣。	《庄子·养生主》	
4. 人生天地之间,如白驹之过隙,忽然而已。	《庄子·知北游》	
5. 虽无飞,飞必冲天;虽无鸣,鸣必惊人。	《韩非子·喻老》	
6. 宁武子,邦有道则知,邦无道则愚。其知可及也,其愚不可及也。	《论语·公冶长》	
7. 子谓《韶》:"尽美矣,又尽善也。"谓《武》:"尽美矣,未尽善也。"	《论语·八佾》	
8. 不愤不启,不悱不发。举一隅不以三隅反,则不复也。	《论语·述而》	
9. 子曰:"当仁,不让于师。"	《论语·卫灵公》	
10. 故观于海者难为水,游于圣人之门者难为言。	《孟子·尽心上》	
11. 出乎尔者,反乎尔者也。	《孟子·梁惠王下》	
12. 知者无不知也,当务之为急。	《孟子·尽心上》	
13. 于斯是也,天下殆哉,岌岌乎!	《孟子·万章下》	
14. 彼夺其民时,使不得耕耨以养其父母。父母冻馁,兄弟妻子离散。	《孟子·梁惠王上》	
15. 杨子取为我,拔一毛而利天下,不为也。	《孟子·尽心上》	
16. 自暴者,不可与有言也;自弃者,不可与有为也。	《孟子·离娄上》	

成语达人 武侯祠讲解员组合（李志、李旭）

第五章
精诚所至，金石为开

释义：指人的诚心所至，能感天动地，使得金石为之开裂。形容只要真心诚意，坚持不懈，总能排除困难，达到目的。

探源：《庄子·渔父》："真者，精诚之至也，不精不诚，不能动人。"

第一关　牛刀小试　看图片，猜成语。（答案见224页）

1.　　　　　　　　　　2.

3.　　　　　　　　　　4.

第二关　登堂入室　看图片，猜成语。（答案见224页）

1. ☐☐☐☐☐ (5字)

2. ☐☐☐☐☐☐☐☐ (8字)

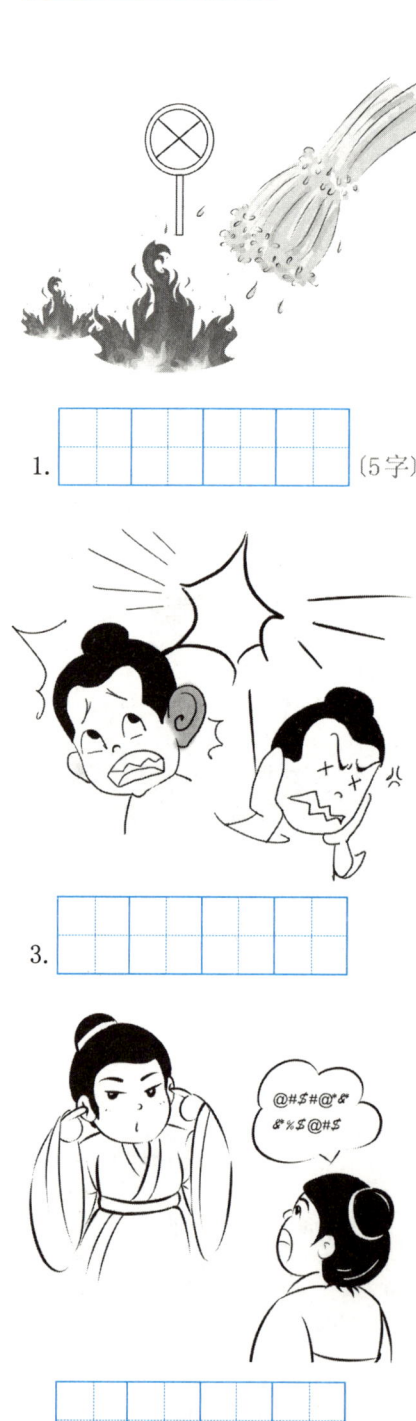

3. ☐☐☐☐

4. ☐☐☐☐

5. ☐☐☐☐

044页 锦囊妙计

1. 衣服破旧。
2. 背宽厚如虎，腰粗壮如熊。形容人身体魁梧健壮。
3. 形容吃东西又猛又急的样子。
4. 指在后方决定作战策略。
5. 自己有过失，却不喜欢接受别人的规劝。

本页锦囊妙计在第072页下方。

第三关　炉火纯青　看图片，猜成语。（答案见224页）

1. ☐☐☐☐☐

2. ☐☐☐☐☐☐ （6字）

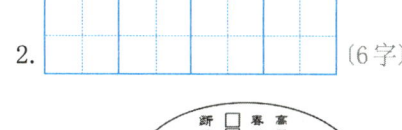

3. ☐☐☐☐☐

4. ☐☐☐☐☐

045页　锦囊妙计

1. 比喻认错了对象，弄错了事实。
2. 源自伯牙和钟子期的故事。比喻知音难遇。
3. 比喻知己、知音或乐曲风韵高雅不俗。
4. 形容书法风格洒脱，也指书法速度很快。
5. 指学习不专心。也表示将有所得。

5. ☐☐☐☐☐

本页锦囊妙计在第073页下方。

成语人生

徒手与老虎搏斗、蹚水穿过河流等都是非常危险的举动,但并不能称为勇敢。因为,勇敢不等于鲁莽,更不等于无视生命。真正的勇敢,是谋定而后动,一击必中;真正的勇者不是傻干蛮干,而是审时度势,四两拨千斤。鲁莽冲动,一味冒险蛮干,非但达不成目标,甚至可能引起严重的后果。例如没有专业经验、没有做好充分准备就去登山探险,无异于视生命如儿戏,这样的勇敢显然不值得提倡。

比喻冒险蛮干,有勇无谋。

暴虎冯河 (bào píng)

探源 《诗经·小雅·小旻》:"不敢暴虎,不敢冯河;人知其一,莫知其他。"

字解 暴虎:徒手打虎。冯河:徒步涉河。

例句 难道他要在这件事上表现暴虎冯河,将匹夫之勇也派上用场吗?

易错点睛

近义词:枕戈待旦。"戈"是古代的一种兵器,"枕戈待旦"的意思是头枕着兵器等待天亮。形容时刻准备战斗。

"枕戈待旦"和"严阵以待"都含有"警惕性高,等待敌人到来"的意思。但"严阵以待"强调摆好阵势,等待敌人到来这一状态;"枕戈待旦"偏重于杀敌心切,睡觉时仍不放松戒备,等待杀敌。

摆下严整的阵势等待来犯的敌人。

严阵以待

探源 《资治通鉴·汉纪·光武帝建武三年》:"甲辰,帝亲勒六军,严阵以待之。"《北史》卷七十六:"公且严阵以待之,勿与接刃。"

字解 严阵:使阵势严整。

例句 在当地执勤的政府军严阵以待,装甲车等重型武器仍停放在镇中心的广场上。

泛指某种坏事或者恶劣风气的创始者。

始作俑者

探源 《孟子·梁惠王上》："仲尼曰：'始作俑者，其无后乎。'为其象人而用之也。"

字解 俑：古代用来殉葬的木质或者陶制的偶人。

例句 作为战争的始作俑者，日本应铭记这个日子，进行反思和忏悔。

文化密码

俑，古代用来殉葬的木质或者陶制的偶人。古人讲究"事死如生"，有使用随葬品的习俗，甚至以活人殉葬，考古发现很多商代坟墓都有人殉。周代因人殉过于残忍，改用刍灵（即草人）来殉葬。后来有些诸侯国使用更像真人的俑人。孔子推崇周礼，主张使用简朴的草人，所以才会指责最早用俑人来殉葬的人。

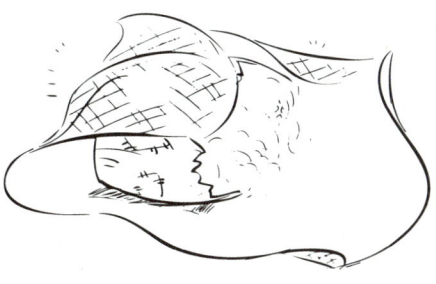

形容人或事物徒有美丽的外表，内里却很低劣。

金玉其外，败絮其中

探源 明·刘基《卖柑者言》："又何往而不金玉其外，败絮其中也哉？"

字解 金玉：比喻华美。败絮：烂棉花。

例句 思想是文章、讲话的灵魂和统帅，如果思想苍白无力，无论外在形式多么华美，也只能是金玉其外，败絮其中。

成语故事

杭州有个卖水果的人，能将柑橘储藏一年不腐烂，而且色泽金黄鲜亮。虽然售价极高，人们却争相购买。这些柑橘虽看着好看，其实里面干枯得像破棉絮一样。别人责问卖柑橘的人，他却振振有词："世间欺世盗名的人众多，比如那些达官贵人，看起来端庄威严，可私底下却大多沉溺吃喝逸乐，真正有才华、诚心为百姓做事的又有几个呢？"

成语人生

我们经常羡慕那些成功人士,认为他们的成功源自"幸运"。其实如果我们仔细观察,就会发现这些人身上大多有一个共同的特质,那就是"行动力"。无论是比尔·盖茨还是乔布斯,当他们定下自己的目标,都是毫不犹豫地采取行动,而不是一味空想。有理想有目标固然重要,但如果没有实际行动,一直沉溺在对理想的憧憬中,永远不可能获得想要的"鱼"。

比喻空有愿望,而无实际行动。

临渊羡鱼

探源　《淮南子·说林训》:"临河而羡鱼,不如归家结网。"《汉书·董仲舒传》:"临渊羡鱼,不如退而结网。"

字解　临:面对。渊:深水潭。羡:希望得到。

例句　面对法国队三战连捷的战绩,我们不能只是临渊羡鱼,更重要的是加紧训练,调整心态,准备进行下一场比赛。

易错点睛

莠,指狗尾巴草,不可写作"秀"。

近义词:鱼龙混杂。

唐·张志和《渔父词》:"风搅长空浪搅风,鱼龙混杂一川中。"鱼和龙混在一起,比喻好人和坏人混杂在一起。

比喻好人和坏人混杂在一起。

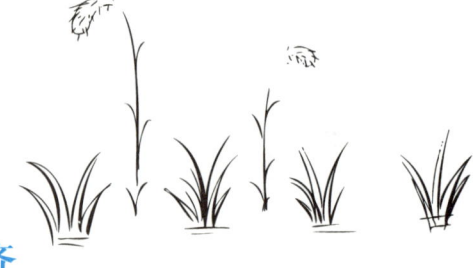

良莠不齐（yǒu）

探源　清·李汝珍《镜花缘》六八回:"第此时臣国西宫之患虽除,无如族人甚众,良莠不齐,每每心怀异志,祸起萧墙。"

字解　莠:狗尾巴草,长得像谷子,常混在禾苗中,比喻品质不好的人。

例句　网络文学作品良莠不齐,读者选择时一定要加以留心。

镜花水月

指离开家乡，到外地求生。

背井离乡

探源 元·张国宾《合汗衫》二折："畅好是心粗胆大，不争你背井离乡，谁替俺送酒供茶。"

字解 背：离开。井：古制八家为井，这里指家乡。

例句 只要战争不画上休止符，背井离乡的难民潮就不会消退，人道主义灾难的悲剧也不会落幕。

文化密码

按照周代制度，一万二千五百家为一乡。现在的"乡"则是行政区划单位。古人安土重迁，常祖祖辈辈生活在一地。"乡"既是生活之地，也是一种联系紧密的社会关系，所谓"乡党"是也，因此"乡"常用来代指家园。

井，指井田。古制八家为一井，土地以阡陌划分成井字形，称井田。农耕时代，土地是生存根本，所以"井"也常用代指家园、故乡。

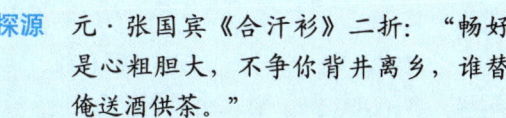

指丧妻的悲哀。

鼓盆之戚

探源 《庄子·至乐》："庄子妻死，惠子吊之，庄子方则箕踞鼓盆而歌。"

字解 鼓：敲。戚：悲哀。

例句 他最近新遭鼓盆之戚，留下一双不满十岁的儿女，好不可怜。

成语故事

庄子的妻子死了，惠子前去吊唁。由于庄子夫妇十分恩爱，惠子本以为庄子应该悲戚难忍，结果到了他家，却看见庄子在那分开双腿像簸箕一样坐着，一边敲打着瓦缶一边唱歌。惠子很不理解，责备他不顾夫妻之情。庄子则认为：人的生死如同四季变化，乃是自然规律。妻子离世是顺应天道、回归自然的表现。自己既已通晓天命，就不应该再哭哭啼啼。

成语人生

古人讳言疾病，提及生病都有委婉的说法。天子生病婉称为"不豫""违豫""弗豫"；诸侯有病的自谦之词是"负子"；士生病，则说"负薪之忧""采薪之忧""负薪之疾""采薪之疾"。普通人生病，常用的委婉词语有"不安""不适""违和""不快""违忧"等。对于病情严重的，则用"不起""不渐""伯牛疾"。生病的委婉说法，寄托着人们对健康的祈盼。

背柴劳累，体力还未恢复。自称有病的委婉说法。

负薪之忧

探源 《礼记·曲礼下》："君使士射，不能，则辞以疾，言曰：'某有负薪之忧。'"

字解 负，背。薪，柴。忧，辛劳。

例句 最近有负薪之忧，这个月的工作恐怕要推迟几天完成。

易错点睛

晷，不可写作"轨"。

"焚膏继晷"的近义词是"夜以继日"，意思是夜间接续白天，指日夜不停，忙碌勤奋。两词都是形容不分昼夜学习、工作，不过比较起来，"焚膏继晷"更加形象生动。

点燃油灯以接替日光照明。后用来形容夜以继日地学习或工作。

焚膏继晷（guǐ）

探源 唐·韩愈《进学解》："焚膏油以继晷，恒兀兀以穷年。"

字解 焚：燃烧。膏：灯油。晷：日光。

例句 国学内容浩如烟海、博大精深，即使皓首穷经、焚膏继晷也无法曲尽其妙。

微信扫一扫
视频更精彩

机杼一家

焚烧琴去煮白鹤。比喻糟蹋美好事物，大煞风景。

焚琴煮鹤

探源 宋·胡仔《苕溪渔隐丛话前集·西昆体》："《西清诗话》云：'《义山杂纂》，品目数十，盖以文滑稽者。其一曰杀风景，谓清泉濯足，背山起楼，烧琴煮鹤，对花啜茶，松下喝道。'"

例句 什么叫焚琴煮鹤、大煞风景，看看北京草莓音乐节结束后草坪上无处不在的垃圾就一目了然了。

文化密码

琴是一种高雅的艺术，而鹤则是具有高洁品德的君子的代称。因此，焚烧琴去煮白鹤，就是将美好事物毁于一旦，是乱风雅、煞风景的行为。

除"焚琴煮鹤"之外，古人认为煞风景的行为还有"花上晒裤"（在花上晒裤子）、"背山起楼"（靠山建造楼房）、"对花啜茶"（对着花喝茶）、"松下喝道"（在松林里大声鸣锣开道）、"月下把火"（月下燃起火把）、"清泉濯足"（在清泉里洗脚）等。

比喻陷入四面受敌、孤立无援的窘迫境地。

四面楚歌

探源《史记·项羽本纪》："项王军壁垓下，兵少食尽，汉军及诸侯兵围之数重。夜闻汉军四面皆楚歌，项王乃大惊曰：'汉皆已得楚乎？是何楚人之多也！'"

字解 楚歌：楚地的民歌。

例句 公司管理层如果再不反省失败的原因，我们必将陷入四面楚歌的境地。

成语故事

楚汉战争时期，韩信布下重重兵力，将项羽围困于垓下。为了尽快瓦解楚军的斗志，韩信命士兵在夜间吟唱楚地的歌谣，楚军的战士听到后，纷纷想起家乡亲人，加上连年作战，早已是身心俱疲，如今听到四周的楚歌声，以为楚地已经尽被刘邦占领，士气更加低落，于是开始大量逃亡。连项羽自己都丧失了信心，诀别美人虞姬，自刎于乌江。

成语人生

勤俭节约是中华民族的传统美德，然而随着生活水平提高，享乐主义、奢侈浪费等风气也随之滋生。据报道，2013年中国人的奢侈品消费达1020亿美元，占全球奢侈品市场的47%。英国媒体甚至基于"英镑"的概念创造出新名词"北京镑"，用来称呼中国人所花的英镑。

审视现实，也许我们该多一些反思：真正的富有应该包含物质和精神两方面，只注意各种名牌和金银珠宝会让我们变得更"贫穷"。

形容挥霍无度或出手大方、花钱不加节制。

挥金如土

探源	宋·毛滂《祭郑庭诲文》："挥金如土，结客如市。"
字解	挥：散。土：泥土。
例句	近些年，公款消费的报道屡见报端，官员挥金如土的不正之风会严重损害党和政府在人民心中的公信力。

易错点睛

揖，作揖，行礼。不能写作"楫"或"缉"。

近义词：引狼入室。

"开门揖盗"和"引狼入室"都比喻引进坏人，自招祸害。但"开门揖盗"偏重在"揖"，强调欢迎；"引狼入室"重在"引"，强调引进。

指引进坏人，招致祸患。

开门揖盗

探源	《三国志·吴书·吴主传》："况今奸宄竞逐，豺狼满道，乃欲哀亲戚，顾礼制，是犹开门而揖盗，未可以为仁也。"
字解	揖：拱手行礼。
例句	当年，蒋介石国民政府奉行不抵抗政策，虽然坐拥数倍于日军的兵力，却开门揖盗，导致大批部队不战而逃。

微信扫一扫
视频更精彩

见风使舵

泛指对妻妾特别宠爱。也指男人有外宠或纳妾。

金屋藏娇

探源 汉·班固《汉武故事》："胶东王数岁，长公主抱置膝上，问曰：'儿欲得妇否？'胶东王曰：'欲得妇。'长公主指左右长御百余人，皆云不用。末指其女问曰：'阿娇好否？'于是乃笑对曰：'好！若得阿娇作妇，当作金屋贮之也。'"

例句 那些贪污腐化、金屋藏娇的官员们，最终都落得身败名裂。

文化密码

汉武帝一句"若得阿娇作妇，当作金屋贮之也"，使"金屋"成了男子娇宠妻子的象征。白居易写唐明皇宠爱杨贵妃即有"金屋妆成娇侍夜"之语。后来"金屋"也常与纳妾等联系，指男人有了小妾和外宠。有时"金屋"也与宫人、贵妇的闺怨紧密相关，刘方平《闺怨》"金屋无人见泪痕"即是一例。

形容只知生搬条文而不考虑实际情况的教条做法。

郑人买履

探源 《韩非子·外储说左上》："郑人有欲买履者，先自度其足，而置之其坐。至之市而忘操之。已得履，乃曰：'吾忘持度。'反归取之。及反，市罢，遂不得履。"

字解 郑：春秋时诸侯国名。履：鞋。

例句 只看财务报表，而不考察实际情况的话，就犯了"郑人买履"的毛病。

成语故事

郑国有个人要买鞋。他先对着脚量好尺码，就兴冲冲去集市挑鞋。他在集市找到看中的鞋，才发现忘记带量好的尺码了。于是就对卖鞋的人说："请等一会儿，我回去拿尺码。"他回家拿了尺码便急忙赶回来，可是集市已经散了，鞋子也没买成。有人问他："你直接用脚去试鞋不是更好吗？"他却说："我宁可相信尺码，也不相信自己的脚！"

05 成语游戏 名动天下

第一组 （根据成语释义猜成语。（提示：所有成语中都包含人名。））

1. 原指江淹少有文名，晚年诗文无佳句。比喻才情减退。	
2. 比喻事后自称有先见之明的人。	（5字成语）
3. 比喻自告奋勇，自己推荐自己担任某项工作。	
4. 比喻说话和行动的真实意图别有所指。	（8字成语）
5. 指考试或选拔没有录取。	
6. 比喻胡乱模仿，效果适得其反。	
7. 比喻口头上说爱好某事物，实际上并不真爱好。	
8. 比喻事情的成功和失败都是由这一个人造成的。	（8字成语）
9. 泛指可与班固、司马迁相比美的文章。	
10. 本指孟郊、贾岛简啬孤峭的诗歌风格。后用以形容诗文类似二者的意境和风格。	
11. 萧何创立了规章制度，死后，曹参做了宰相，仍照着实行。比喻按照前任的成规办事。	
12. 比喻极有信用，不食言。	
13. 名相房玄龄多谋，杜如晦善断。两人同心协力，传为美谈。	
14. 比喻朋友间的情谊一刀两断，中止交往。	
15. 形容女子形态不同，各有各好看的地方。也借喻艺术作品风格不同，而各有所长。	
16. 中国上古神话传说之一。形容改造天地的宏伟气魄和大无畏的斗争精神。	
17. 比喻再干旧行业。	

第二组

有些成语寓意很好，人们会将其用到名字中。看下面人名，猜猜是取自哪个成语。

隋见素		龚自珍	
刘海粟		张大千	
任贤齐		周树人	
徐特立		叶知秋	
陈呈祥		成　龙	
刘玉成		白乐山	
张图强		李克勤	
万籁鸣		蔡明远	
陈人杰		于立群	
程思源		陶成章	
王安石		毛致用	

胡慧中		张含英	
杜鹏程		张映雪	
林一鸣		程泰来	
陈中绳		卢卓群	
杨逢春		宋姗姗	
赵扬名		杜凌云	
平步青		马成功	
谢江山		刘春晖	
李宏图		赵伟业	
刘青山		高满堂	
张燕语		杨质彬	

成语达人 邯郸女孩组合（韩若彤、颜琪）

第六章
有则改之，无则加勉

释义： 有缺点就改正，没有就用于自勉。本用于自我反省检查，后多用于对待别人提出批评时所持的态度。

探源： 《论语·学而》："曾子曰：'吾日三省吾身。'"宋·朱熹《论语集注》："曾子以此三者日省其身，有则改之，无则加勉，其自治诚切如此，可谓得为学之本矣。"

· 第一关　牛刀小试 · 看图片，猜成语。（答案见 225 页）

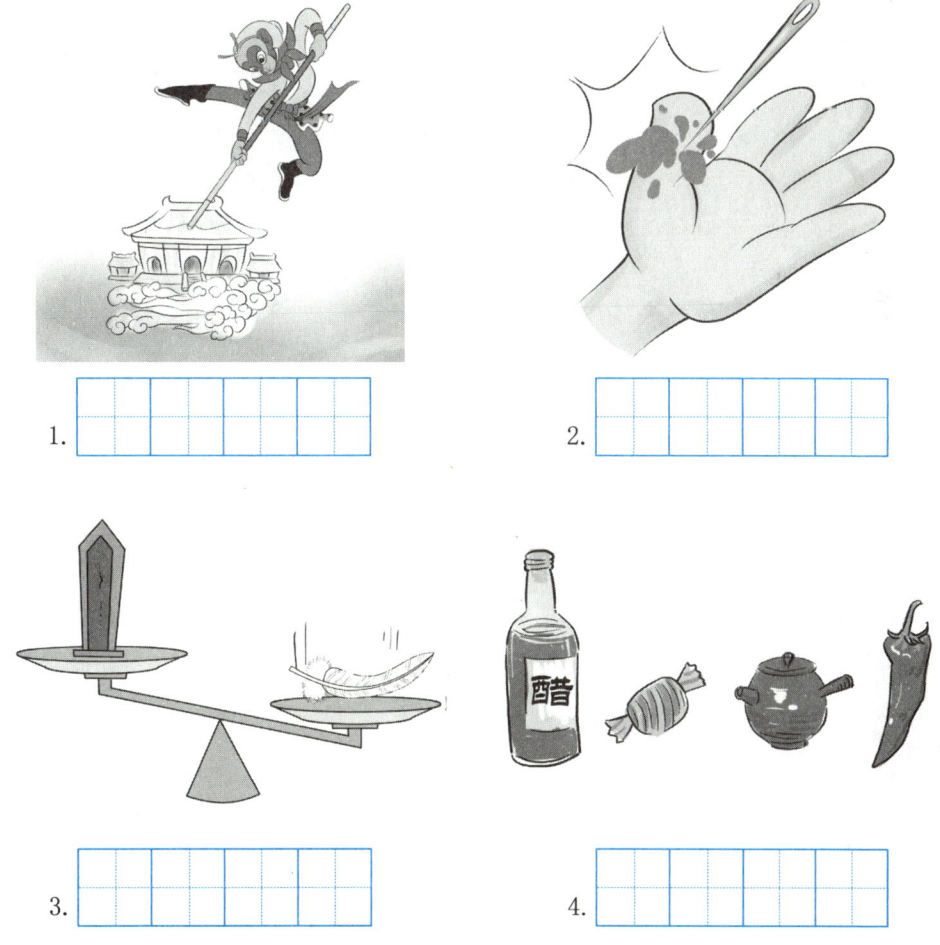

1.

2.

3.

4.

• 第二关　登堂入室 • 看图片，猜成语。（答案见225页）

1. ☐☐☐☐☐

2. ☐☐☐☐☐

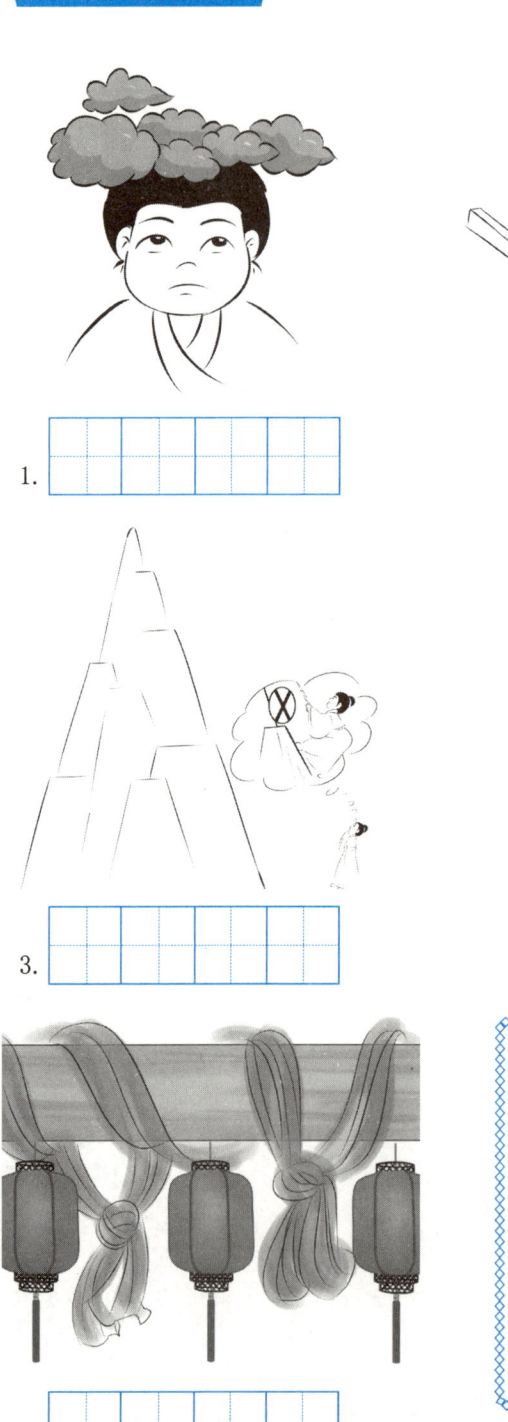

3. ☐☐☐☐☐

4. ☐☐☐☐☐

5. ☐☐☐☐☐

058页 锦囊妙计

1. 比喻二者对立，绝不相容。
2. 太阳升起来就出来干活，太阳落下就回去休息。
3. 形容声音很大，耳朵都快震聋了。
4. 比喻众人拥护着一个他们所尊敬爱戴的人。
5. 形容有意不听别人的意见。

本页锦囊妙计在第086页下方。

• 第三关　炉火纯青 • 看图片，猜成语。（答案见225页）

1. ☐☐☐☐☐

2. ☐☐☐☐☐

3. ☐☐☐☐☐

4. ☐☐☐☐☐

5. ☐☐☐☐☐

059页　锦囊妙计

1. 甜瓜的蒂是苦的。比喻没有十全十美的事物。
2. 比喻前言不搭后语，答非所问。也比喻前后矛盾，两不相合。
3. 上到天的最高处去摘月。常形容壮志豪情。
4. 指某事常见，不足为奇。
5. 比喻不抓根本环节，而只在枝节问题上下功夫。

本页锦囊妙计在第087页下方。

成语人生

当前，诚信缺失已经成为一个不可讳言的社会问题。三聚氰胺毒奶粉、肯德基过期肉等问题食品一波未平一波又起；大学教授学术造假层出不穷；虚假广告屡禁不止。孔子云："民无信不立。"一个人没有信用就无法立身，而一个企业没有信用则没有前途。因此，无论是在个人生活中，还是在企业生产经营中，"一诺千金"的优良传统都不应被遗忘和摒弃。

形容说话极讲信用。

一诺千金

探源　《史记·季布栾布列传》："楚人谚曰：'得黄金百斤，不如得季布一诺。'"（季布：楚地人，以信守诺言著称于世。）

字解　诺：答应，答允。

例句　26年来，这位一诺千金的军人悉心照料着16位烈士的亲人，用行动诠释着人间的大爱，感动了无数人。

易错点睛

缘，不可写作"原"。

近义词：水中捞月。

"缘木求鱼"和"水中捞月"都指徒劳无功，但"水中捞月"侧重所做事情本就不可能完成；而"缘木求鱼"则强调方向、手段不对而导致失败。

比喻方向不对、方法不对，不可能有所收获。

缘木求鱼

探源　《孟子·梁惠王上》："以若所为，求若所欲，犹缘木而求鱼也。"

字解　缘：攀登。缘木：爬到树上。

例句　中国足球仰望世界杯而不得，如果还是以原有的思路和模式去"突破"，无异于缘木求鱼。

微信扫一扫
视频更精彩

姜太公钓鱼

指松竹梅。也借以比喻坚贞的友谊。

岁寒三友

探源 松竹经冬不凋，梅则耐寒开花，故称"岁寒三友"。

例句 翻看上下几千年的文学史，赞美岁寒三友松、竹、梅，或称颂四君子梅、兰、竹、菊的篇什，随处可见。

文化密码

中国人特有的含蓄造就了借物言志的传统。松竹梅经严冬而不凋，与传统文化中对高贵品德和理想人格的追求互相契合。松树四季常青，姿态挺拔，欹斜层叠，象征着青春常在和坚强不屈；竹中直、虚空、有节，象征着中正端直、虚心和宁折不弯的气节；梅花迎寒绽放，冷艳脱俗，象征着高洁清雅，卓尔不群。因其美好寓意，岁寒三友深受国人喜爱，在各种装饰、纹饰中常可见到。

指鼓足勇气或趁着勇气十足时一下子把事情做完。

一鼓作气

探源 《左传·庄公十年》："夫战，勇气也。一鼓作气，再而衰，三而竭。"

字解 一鼓：擂响第一通战鼓。作：振奋。作气：振奋士气。

例句 第三个比赛日共产生27块金牌，中国选手一鼓作气，揽下其中的14块，继续大幅领跑奖牌榜。

成语故事

齐鲁长勺之战，鲁国能以弱胜强，曹刿的谋略至关重要。他先是建议庄公内修国政，取信于民，军民一心抗击外侮。而战场上两军对阵之时，齐军击鼓进军，曹刿命令鲁军按兵不动；齐军再击鼓，他还是不为所动；齐军三通鼓罢，士气开始消歇，曹刿立即下令击鼓进军。这时，战鼓一响，鲁国士气高昂，锐不可当，而齐军则已消蚀了锐气，最终抵挡不住，只能狼狈撤走。

品 读

成语人生

提到学习，我们可能会想到书本上的知识，想到老师在课堂上的教导。事实上，这只是学习的一个方面。广义的学习，除了通过课堂和学校所受的教育，还应该包括我们在日常生活中的耳濡目染。这其中有待人接物的行为方式，有辨别善恶的是非观念，也有追逐真善美的情操修养。

形容经常听到看到，不知不觉之中受到影响，尤指受到好的影响。

耳濡目染

探源 唐·韩愈《清河郡公房公墓碣铭》："目濡耳染，不学以能。"

字解 濡、染：沾染。

例句 有了好的社会氛围，人们就能在耳濡目染、潜移默化中得到思想启迪，使得心灵净化。

易错点睛

近义词：衣衫褴褛。

形容衣服破烂不堪。不过，"捉襟见肘"除了形容衣服破旧，还可引申为处境困难，"衣衫褴褛"则无此意。

形容衣服破烂。也比喻困难重重，顾此失彼，穷于应付。

捉襟见肘

探源 《庄子·让王》："曾子居卫……十年不制衣，正冠而缨（帽带）绝，捉衿而肘见，纳履而踵决。"（衿，同"襟"。）

字解 襟：衣襟。肘：胳膊肘儿。捉襟见肘，意即拉一下衣襟就露出胳膊肘儿。

例句 学校目前还是缺少人才，经费也常常捉襟见肘。

微信扫一扫 视频更精彩

见兔放鹰

细大不捐

随水漂流的浮萍偶然相聚在一起。比喻素不相识的人偶然相聚。

萍水相逢

探源 唐·王勃《滕王阁序》："关山难越，谁悲失路之人；萍水相逢，尽是他乡之客。"

字解 萍：浮萍。

例句 有时候，在旅途中与萍水相逢的人闲聊几句，说不定就成了好朋友。

文化密码

浮萍，一年生草本植物，浮生在水面，古人认为浮萍无根，叶片随风漂荡，因此形容四处漂泊、行踪无定常以萍为喻，如"萍踪""萍迹""萍聚"等。与"萍"相关的成语有"萍飘蓬转""断梗浮萍""萍踪浪迹"等，都比喻漂泊不定的生活。在诗词中，萍更成为文人骚客身世的象征，其中最为人所传诵的诗句是文天祥的"山河破碎风飘絮，身世浮沉雨打萍"。

泛指解决问题的好计策、好办法。

锦囊妙计

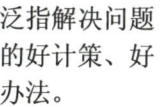

探源 明·罗贯中《三国演义》五四回："汝保主公入吴，当领此三个锦囊。囊中有三条妙计，依次而行。"

字解 锦囊：用锦做成的袋子，古人多用来放置诗稿等贵重东西。

例句 经验丰富的斗鸡师在遇到危急情况时，都会用到自己的"锦囊妙计"。

成语故事

荆州原为东吴所有，刘备"借走"之后便久居不去，孙权一直想夺回荆州。东吴大将周瑜献计，借刘备妻子去世之际，将孙权之妹许配刘备，让他到东吴招亲，届时将他扣为人质，换取荆州。然而诸葛亮早有准备，他将计就计，授予护卫刘备前往招亲的赵云三个锦囊，内藏妙计。最终，凭借诸葛亮的锦囊，刘备全身而退，娶得美人归，而东吴则"赔了夫人又折兵"。

成语人生

所谓"上有所好,下必甚焉":齐桓公好服紫,一国尽服紫;楚王好细腰,宫中多饿死。一种风气的出现和流行,往往与那些身居要职或广有影响的人息息相关。近来,众多名人明星纷纷被爆出涉嫌吸毒、藏毒,不仅形象尽毁,还将面临牢狱之灾。他们的行为,对社会的影响是极坏的。政府工作人员或社会公众人物应谨言慎行,多发挥榜样作用,让社会更加和谐。

上面的人怎么做,下面的人就跟着怎么干。多指不好的事。

上行下效

探源 汉·班固《白虎通义·三教》:"教者,效也,上为之,下效之。"

字解 行:做。效:效法。

例句 公务活动中严禁吸烟,不只是对个人健康的保护,更能带来上行下效的"清新之风"。

易错点睛

挈,不可写作"契"。

近义词:一针见血。

梁启超《新民说·论私德》:"此真一针见血之言哉!"比喻言辞直接,切中要害。

比喻抓住关键,把问题简明扼要地提示出来。

提纲挈(qiè)领

探源 《韩非子·外储说右下》:"善张网者引其纲,不一一摄万目而后得。"《荀子·劝学》:"若挈裘领,诎五指而顿之,顺者不可胜数也。"

字解 纲:渔网的总绳。挈:提。领:衣领。

例句 从"受众需求"的角度梳理报业的数字化转型,可能起到提纲挈领之效。

微信扫一扫 视频更精彩

千金市骨

庖丁解牛

指少女十三四岁。

豆蔻年华

探源 唐·杜牧《赠别》:"娉娉袅袅十三余,豆蔻梢头二月初。"

字解 豆蔻:一种草本植物,开淡黄色的花。常用于比喻少女。

例句 1924年初,李德全已经28岁了,早已过了豆蔻年华,可是,她还没有谈及婚事。

文化密码

"娉娉袅袅十三余,豆蔻梢头二月初",用早春二月枝头含苞待放的豆蔻花来比喻娉婷美好的少女,非常贴切。中华民族是一个诗意的民族,这种诗意体现在日常的细节里,哪怕是小小的年龄代称都很有讲究。除了豆蔻年华,形容女子年龄的名词还有"金钗之年"(12岁),"及笄之年"(15岁),"碧玉年华"或称"破瓜年华"(16岁),"桃李年华"(20岁),"花信年华"(24岁),等等。

比喻诚心而急切地招揽人才。

千金市骨

探源 《战国策·燕策一》:"涓人对曰:'死马且市之五百金,况生马乎?天下必以王为能市马,马今至矣!'"

字解 市:买。

例句 李克强说:"我们今天要有求贤若渴的思想,也要有千金市骨的气概。"

成语故事

燕昭王励精图治,向郭隗请教招贤纳士问题。郭隗讲了一个故事:"一位君主重金求千里马,他的内侍自荐去寻马,以五百金买回千里马的骨头,国君大怒。侍臣解释说,为马骨都能花费五百金,可以表现您求马诚意,很快就能获得良马。不到一年,国君果然收获多匹千里马。"郭隗借此劝谏昭王礼贤下士,燕昭王听从建议,招纳到乐毅、邹衍等人才,使燕国强大起来。

成语人生

"哀哀父母,生我劬劳",面对父母如汪洋大海般的无私付出,子女也应孝敬父母。孝敬父母并非难事,我们完全可以从日常生活中的小事做起,让父母感受到亲情的温暖。比如,平时帮父母做点家务,减轻一下他们的负担;父母生日时,亲手做一件小礼物,给父母一个惊喜;父母出门前说一句"路上小心",自己回家后说一句"我回来了",等等。这些都可以体现子女对父母的拳拳爱意。

比喻子女报答不尽父母的恩情。

寸草春晖

探源	唐·孟郊《游子吟》:"慈母手中线,游子身上衣。临行密密缝,意恐迟迟归。谁言寸草心,报得三春晖。"
字解	寸草:小草。春晖:春天的阳光。
例句	天涯咫尺,寸草春晖,漂流在外的游子走得再远,也走不出慈母的关怀。

易错点睛

鹜,指鸭子,不可写作"骛"。

近义词:如蚁附膻。

两词都可形容很多人追逐不好的事物,但"如蚁附膻"也可比喻许多人依附有钱有势的人。

形容很多人争相追逐或趋附,多含贬义。

趋之若鹜(wù)

探源	清·李渔《与赵声伯文学》:"蝇头之利几何,而此辈趋之若鹜。"
字解	趋:奔向。鹜:鸭子。
例句	大量的导游在各家旅行社间游走,与任何一家旅行社都没有签订劳动合同。没有了约束,非法"导购"的违规成本就很低,因此许多导游便趋之若鹜。

微信扫一扫
视频更精彩

浇瓜之惠

指为官清正，执法严厉。

笑比河清

探源 《宋史·包拯传》："拯立朝刚毅，贵戚宦官为之敛手，闻者皆惮之。人以包拯笑比黄河清。"

字解 河：黄河。

例句 他执法严明，不徇私情，可以说是笑比河清，因此被当地老百姓亲切地称为"刘青天"。

文化密码

黄河流域是中华文明的重要发祥地之一，古代提到"河"，常专指黄河。黄河流经的黄土高原土质疏松，植被稀疏，水土流失严重，导致黄河水泥沙过多，非常浑浊。因此"黄河水清"就成为难以实现事情的代称。《宋史·包拯传》"人以包拯笑比黄河清"即是指包拯态度严肃，难以见到笑容。喻指官员为官清正，执法严厉。

"俟河之清"也取"等待黄河水变清"之意。比喻期望的事情不能实现。

背上扎了芒刺，形容极其坐立不安。

芒刺在背

探源 《汉书·霍光传》："宣帝始立，谒见高庙，大将军光从骖乘，上内严惮之，若有芒刺在背。"

字解 芒刺：草木果壳上的小刺。

例句 他犀利的目光让她感觉芒刺在背，巴不得马上能逃离这个地方。

成语故事

汉武帝死后，权臣霍光把持朝政，权倾朝野，甚至可以决定皇帝的废立。汉武帝的孙子刘询在霍光拥立下继位，是为汉宣帝。宣帝去祖庙拜谒，霍光在马车一侧陪侍。宣帝见霍光身材高大，面容严峻，不由得非常惶恐不安，就如同有芒刺在背上一样难受。此后，宣帝每次见霍光，总是小心翼翼。直到霍光病死，宣帝才真正放松下来，不再战战兢兢。

06 成语游戏 触类旁通

第一组 请将含有成语空缺处汉字的诗句找出来，与成语连线，并将该汉字在诗句中圈出。

1. 捉（ ）见肘	箫鼓追随春社近，衣冠简朴古风存。 宋·陆游《游山西村》
2. （ ）（ ）年华	晓镜但愁云鬓改，夜吟应觉月光寒。 唐·李商隐《无题》
3. 一（ ）作气	锦瑟无端五十弦，一弦一柱思华年。 唐·李商隐《锦瑟》
4. 岁（ ）三友	出师未捷身先死，长使英雄泪满襟。 唐·杜甫《蜀相》
5. （ ）囊妙计	娉娉袅袅十三余，豆蔻梢头二月初。 唐·杜牧《赠别》
6. 金（ ）脱壳	倚杖柴门外，临风听暮蝉。 唐·王维《辋川闲居赠裴秀才迪》
7. （ ）（ ）流水	正是江南好风景，落花时节又逢君。 唐·杜甫《江南逢李龟年》
8. 一诺（ ）（ ）	树树皆秋色，山山唯落晖。 唐·王绩《野望》
9. 望穿（ ）（ ）	将军角弓不得控，都护铁衣冷难着。 唐·岑参《白雪歌送武判官归京》
10. 寸草春（ ）	天生我材必有用，千金散尽还复来。 唐·李白《将进酒》
11. 水到（ ）成	寒山转苍翠，秋水日潺湲。 唐·王维《辋川闲居赠裴秀才迪》
12. 进退两（ ）	绿树村边合，青山郭外斜。 唐·孟浩然《过故人庄》
13. （ ）（ ）树人	万里悲秋常作客，百年多病独登台。 唐·杜甫《登高》
14. （ ）（ ）绿水	问渠那得清如许，为有源头活水来。 宋·朱熹《观书有感》

第二组 请将含有成语空缺处汉字的诗句找出来,与成语连线,并将该汉字在诗句中圈出。

1.（　）木求鱼	莫学武陵人,暂游桃源里。 唐·裴迪《送崔九》
2. 萍水（　）（　）	郎骑竹马来,绕床弄青梅。 唐·李白《长干行二首》
3. 和光同（　）	皎皎白驹,在彼空谷。 《诗经·小雅·白驹》
4.（　）（　）高悬	马上相逢无纸笔,凭君传语报平安。 唐·岑参《逢入京使》
5.（　）（　）竹马	君不见,高堂明镜悲白发,朝如青丝暮成雪。 唐·李白《将进酒》
6. 世外（　）（　）	花径不曾缘客扫,蓬门今始为君开。 唐·杜甫《客至》
7.（　）（　）过隙	渭城朝雨浥轻尘,客舍青青柳色新。 唐·王维《渭城曲》
8.（　）（　）带雨	外布芳菲虽笑日,中含芒刺欲伤人。 唐·陆龟蒙《蔷薇》
9. 咫尺（　）（　）	玉容寂寞泪阑干,梨花一枝春带雨。 唐·白居易《长恨歌》
10. 一（　）不苟	黄尘清水三山下,更变千年如走马。 唐·李贺《梦天》
11.（　）（　）在背	荷香清露坠,柳动好风生。 唐·白居易《六月三日夜闻蝉》
12.（　）（　）观花	春蚕到死丝方尽,蜡炬成灰泪始干。 唐·李商隐《无题》
13. 谈笑（　）（　）	海上生明月,天涯共此时。 唐·张九龄《望月怀远》
14. 心（　）不宣	明月松间照,清泉石上流。 唐·王维《山居秋暝》

成语达人 山东教师组合（薛敏、石继航）

第七章
百尺竿头，更进一步

释义：比喻学问、事业虽然取得很大成绩，但不应满足，要争取更大进步。

探源：宋·释道原《景德传灯录》卷十："师示一偈曰：'百丈竿头不动人，虽然得入未为真，百尺竿头须进步，十方世界是全身。'"

第一关　牛刀小试　看图片，猜成语。（答案见226页）

1.

2.

3.

4.

第二关　登堂入室

看图片，猜成语。（答案见226页）

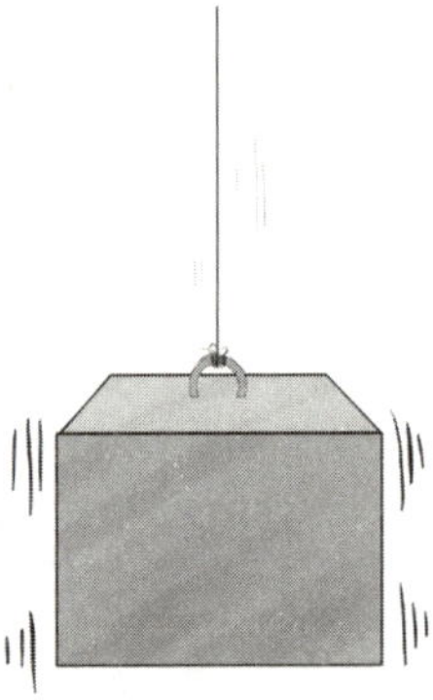

1. ☐☐☐☐☐

2. ☐☐☐☐☐

3. ☐☐☐☐☐

4. ☐☐☐☐☐

5. ☐☐☐☐☐

072页　锦囊妙计

1. 指乌云密布的景象，比喻局势严重，面临危难的处境。
2. 比喻力量太小，解决不了问题。
3. 指高得无法攀登。也指境界、地位等很高，让人难以达到。
4. 形容善于估计复杂的变化的情势，决定策略。
5. 形容节日或有喜庆事情的景象。

本页锦囊妙计在第100页下方。

第三关 炉火纯青　看图片，猜成语。（答案见226页）

1. ☐☐☐☐☐☐☐☐ 〔8字〕

2. ☐☐☐☐

3. ☐☐☐☐

4. ☐☐☐☐

5. ☐☐☐☐

073页 锦囊妙计

1. 比喻兄弟间自相残杀。
2. 所有的马都沉寂无声。比喻人们沉默不语，不敢发表意见。
3. 比喻及时行乐或珍惜光阴。
4. 用以形容光阴如流水一去不返。
5. 比喻年纪已老但雄心壮志不减当年。

本页锦囊妙计在第101页下方。

成语人生

千里远的路途，是人一步步走出来的；无边的大海，是由细流汇聚而成的。这个说法非常形象。其实我们在工作或学习中很多成绩的取得都是"跬步千里"的完美写照。世界冠军不经过每天的刻苦训练，就不可能登上最高的领奖台；书法家不经过每一个字的刻苦训练，就不可能自如地挥毫泼墨。同样，考试拿满分，也是从每一个小知识点的练习开始的，天上不可能掉下100分。

比喻只要逐步积累，坚持不懈，就会取得成功。

跬步千里

探源　《荀子·劝学》："不积跬步，无以致千里；不积小流，无以成江海。"

字解　跬：迈一次腿的距离，相当于今天的一步。步：双腿各迈一次的距离，相当于今天的两步。

例句　练字重在坚持，只有做到每天练习，才会跬步千里，取得巨大的进步。

易错点睛

近义词：放虎归山。
《三国志·蜀书·刘巴传》裴松之注引《零陵先贤传》："若使备讨张鲁，是放虎于山林也。"后用"放虎归山"比喻放走敌人或对手，留下祸根。

比喻纵容敌人，自留后患。

养虎为患

探源　《史记·项羽本纪》："楚兵罢食尽，此天亡楚之时也，不如因其机而遂取之。今释弗击，此所谓养虎自遗患也。"

字解　养：饲养。

例句　对小产权房该下重拳清理和取缔了，早一天清理和取缔就会少一些损失，否则易养虎为患、尾大不掉。

微信扫一扫
视频更精彩

近水楼台先得月

泛指居首位或第一名。

独占鳌头

探源 宋·刘宰《送恭叔兄赴省》:"须惩牛后羞余子,独占鳌头下九天。"

字解 鳌:传说中的大龟或大鳖。

例句 页岩气革命使美国能够在全球能源市场上独占鳌头,而科技创新的发展也不断充实着美国的经济活力。

文化密码

传说魁星为主管文运功名的神仙,他赤发蓝面,翘足,捧墨斗,执朱笔,立于鳌头之上。由此,自唐代开始,科举考试的殿试考生在迎榜时都是让状元站在宫殿门前台阶上的浮雕鳌头之上,取"魁星点斗,独占鳌头"之意。因为考中状元既是取得第一名,故"独占鳌头"泛指居首位或获得第一名,而"鳌首""鳌头"也成为首位、头名的代称。

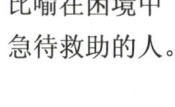

比喻在困境中急待救助的人。

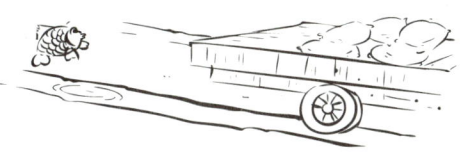

涸辙之鲋

探源 《庄子·外物》:"周昨来,有中道而呼者,周顾视车辙中,有鲋鱼焉。"

字解 涸:干枯。辙:车轮轧出的沟痕。鲋:鲫鱼。

例句 当地雪灾十分严重,数以万计的灾民如涸辙之鲋,正忍受断电断粮之苦,现在正需要大家伸手援助。

成语故事

庄周家贫无米,去找监河侯借粮。对方推诿说收了地租钱就借给他。于是庄周就讲了在路上遇见车辙里一条鲋鱼求救的故事。因车辙里水很少,这条鱼问庄周求水救命。庄周说可以去南方劝说吴王和越王,引西江水救它。鲋鱼十分愤气地说:"我已经快干死了,只要一桶水就行了,你却要绕大弯子,到时恐怕只有到干鱼店能找我了。"庄周借此讽刺对方没有施救诚意。

成语人生

中国传统文化中,对待朋友应该是"两肋插刀,在所不辞",最起码也不应该加害于自己的朋友。从这一点来看,"卸磨杀驴"者肯定是中国传统文化的背叛者。我们在交友时,也应用"卸磨杀驴"作为反面教材,对自己进行警诫。一方面要乐于助人;另一方面要知恩图报,感谢帮助过自己的人。只有这样才能交到真心的好朋友。

比喻达到目的之后,就把曾经出过力的人除掉或抛弃。

卸磨杀驴

探源 刘绍棠《狼烟》:"只怕归队以后,打下萍水县城,他就得卸磨杀驴。"

字解 卸:解下,去掉。磨:石磨。

例句 一个篱笆三个桩,一个好汉三个帮,朋友之间要互相信任、互相帮助,不要动辄幸灾乐祸、过河拆桥、卸磨杀驴。

易错点睛

俎,指祭祀时盛放祭品的礼器,不可写作"组"或"祖"。

近义词:包办代替。指办事大包大揽,不让与事件相关的人参与其事。"越俎代庖"强调干了不该干的事;"包办代替"偏重本应该和大家一起做的事,却不让旁人参与。

比喻超过权限办事或包办代替。

越俎代庖
zǔ páo

探源 《庄子·逍遥游》:"庖人虽不治庖,尸祝不越樽俎而代之矣。"

字解 越:越过。俎:古代祭祀时盛放牛羊等牺牲的礼器。庖:厨师。

例句 政府最好不要越俎代庖,应让市场发挥其应有的作用。

微信扫一扫
视频更精彩

临渴掘井

阳春白雪

泛指高雅而不通俗的文艺作品。

探源 宋玉《对楚王问》:"客有歌于郢中者,其始曰《下里》《巴人》,国中属而和者数千人……其为《阳春》《白雪》,国中属而和者不过数十人。"

字解 阳春、白雪:战国时楚国的高雅歌曲名。

例句 公共艺术绝不是阳春白雪,而是拉近艺术与大众之间距离的重要途径。

文化密码

《阳春》《白雪》原是两首歌曲的名字,因为太过高雅,能跟着唱和的人很少,所以后来人们常用"阳春白雪"代指高深的文艺作品。《下里》《巴人》也是古时民间乐曲,相当于今天的流行歌曲,流传非常广泛。因为少有人能理解"阳春白雪"的境界,所以,"阳春白雪"常被用来形容艺术作品曲高和寡,不能为大众所理解;相反,"下里巴人"则常用来比喻通俗的文学艺术。

抱薪救火

比喻采取不正确的方法去消除祸患,反而加快祸患的蔓延。

探源 《战国策·魏策三》:"以地事秦,譬犹抱薪而救火也。"

字解 薪:柴火。

例句 处理这次事故,应该采取谨慎、务实和负责任的态度,不能"抱薪救火",更不能"火上浇油"。

成语故事

战国时,魏王畏惧秦国,屡次向其割地求和。不久,秦国再次出兵,魏国将领段干子劝魏王把南阳献给秦国。谋臣苏代极力谏阻,认为把国土割让给秦国,就好比抱着柴火去救火。柴没烧完,火就不会灭;魏国土地不割完,秦国是不会满足的。只有全国上下齐心、坚决抵抗,才有一线生机。可是魏王贪图苟安,不听苏代的忠告,继续妥协退让,最终导致国破家亡。

成语人生

古人有言:"壁立千仞,无欲则刚。"欲望是人的生存本能,人要生活下去,就会有各种欲望,但欲望需受道德和法律约束,并控制在合理的范围内。一个人如果放纵自己,被欲望所迷,就会丧失理智、泯灭良心,做出害人害己的错事来。不论是贪官污吏,还是黑心商人,类似的例子不胜枚举。没有底线、唯利是图、利欲熏心的最终结果,只能是身败名裂,甚或面临牢狱之灾。

贪图私利而使头脑发昏,失去理智。

利令智昏

探源 《史记·平原君虞卿列传》:"鄙谚曰:'利令智昏。'平原君贪冯亭邪说,使赵陷长平四十余万众,邯郸几亡。"

字解 智:理智。昏:昏乱,神志不清。

例句 财迷心窍,利令智昏。不少被群众寄予厚望的官员,都败给了权、钱二字。

易错点睛

徙,不可写作"徒"。
近义词:未雨绸缪。
《诗经·豳风·鸱鸮》:"迨天之未阴雨,彻彼桑土,绸缪牖户。"趁着天还没下雨,把桑树根的皮剥下来,修补窝巢。比喻事先做好准备工作。

比喻预先采取措施,防止灾祸。

曲突徙薪 (xǐ)

探源 《汉书·霍光传》:"……客谓主人,更为曲突,远徙其薪,不者且有火患。"

字解 曲:使弯曲。突:烟囱。把烟囱改为弯曲的,移开灶旁的木柴。

例句 减少自然灾害造成的损失,不仅要亡羊补牢,积极应对,更需曲突徙薪,在超前防范上做足功课。

微信扫一扫
视频更精彩

曲突徙薪

指农历七月大火星西降，暑热渐退，天气转凉。

七月流火

探源 《诗经·豳风·七月》："七月流火，九月授衣。"

字解 火：星宿名，又名大火，即心宿。流火：大火星西降。

例句 七月流火，暑气渐消。然而，在德州大地上，迎接第四届世界太阳能大会的热潮却更加高涨。

文化密码

"七月流火"常被误用来形容盛夏酷热。这主要有两方面原因：一是火很容易让人联想到夏季的骄阳似火，事实上火指的是大火星，古时又称心宿；二是历法不同，当前通用公历，《诗经》里的"七月"是夏历，由于春分点移动，当时的七月大致相当于公历九月，已入秋。因此"七月流火"的真实意思是说，进入夏历七月，天刚擦黑之时，可看见大火星从西方落下去，暑热消退，天气转凉。

比喻宁愿为正义而牺牲生命，也不丧失气节，苟且偷生。

宁为玉碎，不为瓦全

探源 《北齐书·元景安传》："大丈夫宁可玉碎，不能瓦全。"

字解 宁：宁可，宁愿。

例句 这样一个英雄人物，是宁为玉碎不为瓦全的，岂能甘受被俘之辱。

成语故事

南北朝时，高洋逼迫东魏孝静帝禅位，并大肆屠杀东魏宗室，元姓宗室一时人人自危。有位名叫元景安的宗室后裔提议请求高洋允许他们脱离元氏，改姓高氏，以保全性命。景安堂兄景皓坚决反对。他说："大丈夫宁可做玉被打碎，也不能做瓦而求保全。我宁愿保持气节死去，不愿为了活命而受辱！"最后景安向高洋告密，景皓被处死。

成语人生

在巨大的利益面前，我们一定要冷静分析，看这个"利益"会不会在未来造成巨大的损失。如果只顾眼前，就难免得不偿失。

孔子也说过："人无远虑，必有近忧。"在我们的人生旅途中，也应该有长远的打算。比如，要为自己的学习或工作找准目标，订好计划，然后认认真真去执行。如果只图当下的享受，不去努力，就无异于"竭泽而渔"，最后受伤害的还是自己。

竭泽而渔

比喻只顾眼前利益，不做长远打算。

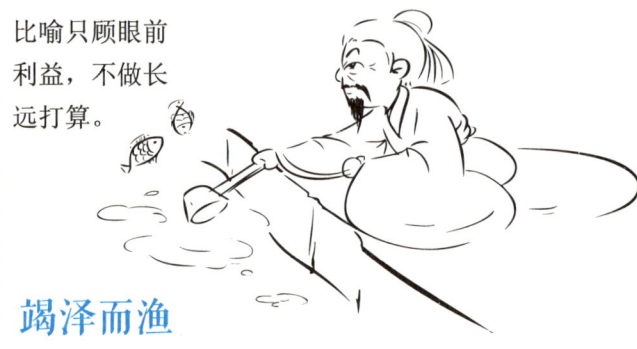

探源 《吕氏春秋·义赏》："竭泽而渔，岂不获得？而明年无鱼。焚薮而田，岂不获得？而明年无兽。"（焚薮而田：把树林烧光后猎取林中的动物。）

字解 竭：尽。渔：捕鱼。

例句 如果以斯文扫地为代价发展文化产业，那只会斫丧文化的根本，竭泽而渔。

易错点睛

涣，不可写作"焕"。

近义词：烟消云散。

烟消失了，云也散尽。比喻某些思想、情绪或事物消失得无影无踪。"涣然冰释"常用来形容疑虑误会等负面情绪，适用范围相对"烟消云散"要小。

涣然冰释

形容疑虑、误会等一下子完全消除。

探源 《老子·十五章》："涣然兮若冰之将释。"

字解 涣然：流散的样子。冰释：冰块消融。

例句 他的一句话，让以前因为不了解而产生的误会涣然冰释。

微信扫一扫
视频更精彩

袖手旁观

形容人高寿。

耆耋之寿
qí dié

探源 南宋·洪迈《容斋随笔·人君寿考》："然则五君者，虽有崇高之位，享耆耋之寿，竟何益哉！"

字解 耆：古称六十岁的人为耆。耋：七八十岁的年纪。

例句 当前，由于生活、医疗水平的提高，耆耋之寿的老人已是屡见不鲜。

文化密码

传统文化中，称老人的年龄有很多说法。比如五十岁称"天命之年"，取孔子"五十而知天命"之意；六十岁称"耆"，也称"花甲之年"（古时采取干支纪年，每六十年为一甲子）或"耳顺之年"（取孔子"六十而耳顺"之意）；七十岁则称"古稀"，取自杜甫诗"人生七十古来稀"，概因古人生活及医疗条件差，活到七十实属不易；耋，泛指七八十岁；耄，泛指八九十岁；百岁则称"期颐"。

比喻有志之士及时奋发，刻苦自励。

闻鸡起舞

探源 《晋书·祖逖传》："[祖逖]与司空刘琨俱为司州主簿……中夜闻荒鸡鸣，蹴琨觉曰：'此非恶声也。'因起舞。"

字解 闻鸡：听见鸡叫。舞：舞剑。

例句 在大学，他闻鸡起舞，手不释卷地博览群书。

成语故事

晋代时，刘琨和祖逖交好，他们一起在司州做主簿，晚上常联床夜话，议论国家大事。一天夜里，天还没亮，却鸡鸣阵阵，把祖逖惊醒。按当时习俗，这是凶兆，但他认为这是吉兆，是上天刻意叫醒他们，让他们早起磨炼自己，于是，他踢醒刘琨，拉他出去舞剑。两个人一起拿着剑，到院子里，在未明的晨光下练起剑来。最终，由于天天勤学苦练，二人都成为有名的将领。

07 成语游戏 火眼金睛

第一组 找出能够将成语补充完整的正确汉字。

（ ）步千里	硅	跬	桂	隗	兰（ ）齐芳
筚路（ ）缕	篮	栏	蓝	榄	竹（ ）打水
曲突（ ）薪	袭	徙	徒	图	（ ）有虚名
（ ）荆道故	班	搬	斑	扳	可见一（ ）
越（ ）代庖	组	祖	阻	姐	数典忘（ ）
独占（ ）头	熬	鳌	敖	鹜	桀（ ）不驯
（ ）然一新	换	幻	焕	涣	变（ ）莫测
危如（ ）卵	雷	磊	累	擂	如（ ）贯耳
能言善（ ）	辩	辨	辫	变	明（ ）是非
穷（ ）莫追	扣	寇	冦	蔻	（ ）人心弦
（ ）羽而归	铩	煞	刹	杀	（ ）费苦心
（ ）然一身	杰	节	洁	孑	（ ）身自好
（ ）人听闻	害	骸	亥	骇	放浪形（ ）
颠（ ）流离	霈	配	沛	佩	成龙（ ）套
（ ）兵秣马	厉	励	砺	粝	（ ）精图治
粗制（ ）造	烂	滥	澜	褴	波（ ）壮阔

第二组 找出能够将成语补充完整的正确汉字。

（ ）地为牢	化	画	划	铧	春风（ ）雨
（ ）（ ）玉立	婷	亭	停	庭	袅袅（ ）（ ）
良（ ）不齐	有	游	优	莠	（ ）哉（ ）哉
集（ ）成裘	夜	掖	腋	液	琼浆玉（ ）
焚膏继（ ）	鬼	轨	咎	晷	（ ）由自取
（ ）手不及	错	搓	挫	措	抑扬顿（ ）
无微不（ ）	至	志	致	轻	淋漓尽（ ）
吴下阿（ ）	蒙	朦	濛	懵	（ ）（ ）懂懂
（ ）疾忌医	晦	讳	诲	慧	秀外（ ）中
反求（ ）己	著	煮	渚	诸	见微知（ ）
雕（ ）画栋	梁	粱	樑	椋	黄（ ）一梦
（ ）木死灰	槁	稿	镐	缟	齐纨鲁（ ）
巧舌如（ ）	黄	煌	皇	簧	冠冕堂（ ）
（ ）弘化碧	长	苌	常	伥	为虎作（ ）
万（ ）俱寂	赖	籁	濑	癞	百无聊（ ）
万马齐（ ）	音	暗	喑	黯	（ ）然销魂
（ ）若云泥	盼	判	叛	畔	众（ ）亲离

成语达人　双面人生组合（王琮、姜笑）

第八章
前事不忘，后事之师

释义：不忘记过去的经验教训，作为以后行事的借鉴。

探源：《战国策·赵策一》："前事之不忘，后事之师。"

第一关　牛刀小试　看图片，猜成语。（答案见227页）

1.

2.

3.

4.

第二关　登堂入室

看图片，猜成语。（答案见227页）

1. ☐☐☐☐☐☐ 〔6字〕

2. ☐☐☐☐

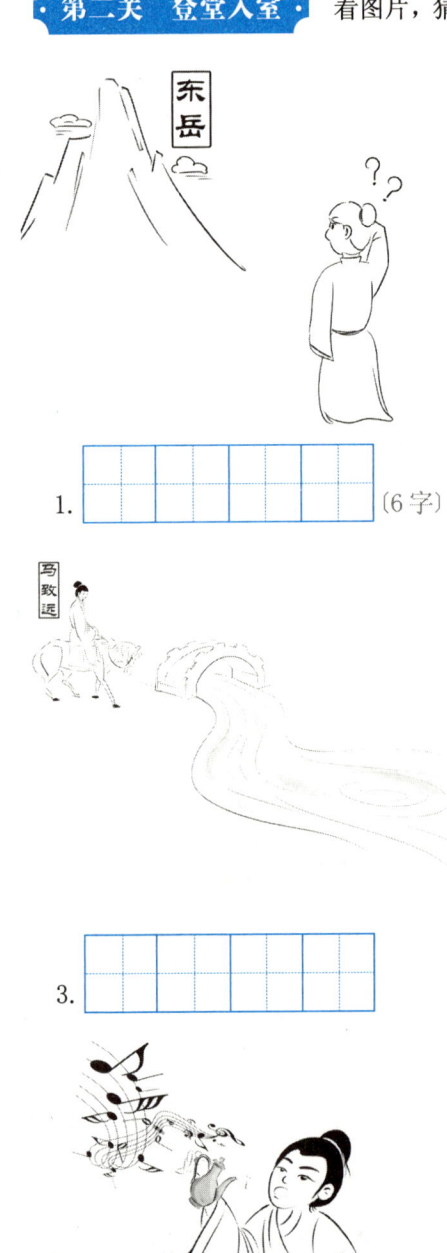

3. ☐☐☐☐

4. ☐☐☐☐

5. ☐☐☐☐

086页 锦囊妙计

1. 比喻情况万分危急。
2. 比泰山还要重。形容意义重大。
3. 形容一个接一个地依次序进入。
4. 形容威武有力，场面热烈。也形容奋起行动，有所作为。
5. 比喻出现了吉利、喜庆的局面。

本页锦囊妙计在第114页下方。

第三关 炉火纯青
看图片，猜成语。（答案见227页）

1.

2. （7字）

3.

□□□□，不蔽风日。

4.

5. （5字）

087页 锦囊妙计

1. 比喻彻底改变看人的眼光。
2. 眼睛向上看，迈大步走路。形容气概不凡或态度傲慢。
3. 形容人们因惊惧或无可奈何而互相望着，都不说话。
4. 形容食物无味或心境、语言、文章等枯燥无味。
5. 指老人与儿童。

本页锦囊妙计在第115页下方。

成语人生

中国人长期受儒家文化影响，非常讲究自省。孔子的"见贤思齐焉，见不贤而内自省也"，曾子的"吾日三省吾身"，都提倡自省。"扪心自问"正是源于这种优良传统，它提醒我们，遇到问题要多从自身角度找原因，不应简单粗暴地苛责于人。

经常"扪心自问"，可以更清楚地认识自己，让心灵更强大，有助于处理人与人之间的关系。

摸着胸口问自己。表示自己反省。

扪心自问

探源 宋·宋祁《学舍昼上》："扪心自问何功德，五管支离治繲人。"（五管：指五脏的腧穴。支离：一个叫支离疏的人。治繲人：靠缝洗衣服为生的人。）

例句 我们都应该扪心自问：在对不良社会风气进行批评、指责的时候，是否想到"我"也是不良社会风气的制造者？

易错点睛

明察，意思是看清。"察"不可写作"查"。

近义词：洞若观火。

清楚得就像看火一样。"洞若观火"强调观察事物透彻，而"明察秋毫"强调观察事物明细。

形容人目光敏锐，可以洞察一切。

明察秋毫

探源 《孟子·梁惠王上》："明足以察秋毫之末，而不见舆薪。"

字解 察：仔细看。秋毫：秋天鸟兽身上新生出的细毛。

例句 在车间里面的发电机房，明察秋毫的民警发现了一条秘密通道。

微信扫一扫 视频更精彩

一网打尽

比喻推荐的人才或者培养的学生极多,各地都有。

桃李满天下

探源 《资治通鉴·唐则天后久视元年》:"仁杰又尝荐夏官侍郎姚元崇、监察御史曲阿桓彦范、太州刺史敬晖等数十人,率为名臣。或谓仁杰曰:'天下桃李,悉在公门矣。'"

例句 宋老师从教七十余载,桃李满天下,可他从不摆学术权威的架子。

文化密码

桃、李是我国很早就实现人工培育的果木,花美而多食,在居处庭院中广泛栽种。唐代名臣狄仁杰为朝廷举荐众多人才,时人赞誉举荐的人才如同桃李,遍布天下。后人沿用之,以"桃李满天下"形容培育的学生或者后辈人才众多,如白居易即有诗曰:"令公桃李满天下,何用堂前更种花?"

现在,"桃李满天下"多用于形容老师所教学生众多,各地都有。

原指用名义上改变而实际上不改变的手法骗人。后用来形容变化不定,反复无常。

朝三暮四

探源 《庄子·齐物论》:"狙公赋芧,曰:'朝三而暮四。'众狙皆怒。曰:'然则朝四而暮三。'众狙皆悦。"

例句 心浮气躁,朝三暮四,学一门丢一门,干一行弃一行,无论为学还是创业,都是最忌讳的。

成语故事

宋国有一个老人,喜欢猴子,在家里养了很多猴子。后来他家粮食不够,需要限制供给猴子的食物数量。他怕猴子不愿意,就先诈猴子说每天早上给三升橡实,晚上给四升橡实。猴子们非常恼怒,纷纷站起来表示不满。于是他又说:"那就早上四升,晚上三升,行了吧?"猴子一听,都高高兴兴地趴下表示愿意。

成语人生

"己所不欲，勿施于人"，孔子在两千多年前提出的这条法则至今仍被用作处理人与人之间乃至国家与国家之间关系的"基本原则"，甚至被镌刻于联合国总部大厅。

"己所不欲，勿施于人"的本质是尊重和平等，而基点则是推己及人，换位思考。我们做任何事前，都应该站在别人的角度想一想，千万不能强加于人。

自己所不愿意的，不要施加给别人。

己所不欲，勿施于人

探源 《论语·颜渊》："仲弓问仁。子曰：'出门如见大宾，使民如承大祭。己所不欲，勿施于人。在邦无怨，在家无怨。'"

字解 施：施与，施加。

例句 按照中国人"己所不欲，勿施于人"的古话，你想要获得别人的尊重，就不要强迫别人做不想做的事。

易错点睛

近义词：冤家路窄。

明·凌濛初《二刻拍案惊奇》卷三四："岂知事不可料，冤家路窄，那一盏红纱灯笼偏生生地向那亭子上来。"形容仇人或不愿相见的人偏偏碰上，不及回避。

指凑巧相遇，无法退避。也指仇人相见，难以相容。

狭路相逢

探源 《乐府诗集·相逢行》："相逢狭路间，道隘不容车。"

字解 狭：窄。逢：遇。

例句 在赛场上，要有不畏强敌的气魄，狭路相逢勇者胜，即使面对强敌，也要敢于"亮剑"。

微信扫一扫
视频更精彩

巢倾卵破

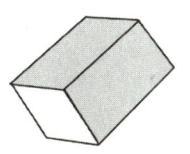

方榫头插不进圆卯眼。比喻两者不相容，格格不入。

文化密码

古人在诗文中多喜欢"用物喻事"，即用物的某些特点来比喻某些人生的道理。"枘"和"凿"是木匠所凿削成的榫头和卯眼，方形的榫头无法固定在圆形的卯眼里面，因此"方枘圆凿"用来比喻两者不能相容，格格不入。从木匠所用器物提炼出来用以揭示人生道理的用语还有"不以规矩，不能成方圆""量凿正枘""引绳切墨"等。

方枘圆凿 ruì

探源 宋玉《九辨》："圆凿而方枘兮，吾固知其鉏铻而难入。"

字解 枘：榫头。凿：卯眼。

例句 老师一定要了解每个学生的情况，如果对学生不了解，教学中往往会出现方枘圆凿、事倍功半的尴尬局面。

比喻遭遇灭门之祸，无一幸免。也以喻整体被毁而局部不可能幸存。

巢倾卵破

成语故事

东汉末年，曹操"挟天子以令诸侯"，引起许多尊尚汉室正统的士大夫不满，孔融就是反对曹操最激烈的士大夫之一。后来，曹操终于找到借口处置孔融，来抓捕孔融的人到了他家，他的一双儿女正在下棋，看见父亲被抓也不起来，有人就问他们为什么不起来，孩子答道："巢都破了，卵怎么还能留存！"意指父亲被害，自己也不能幸免。果然不久，他们也被抓进狱中。

探源 《后汉书·孔融传》："女七岁，子九岁，二子方弈棋，融被收而不动。左右曰：'父被执而不起，何也？'答曰：'安有巢毁而卵不破乎！'"

字解 巢：鸟窝。倾：倾覆。

例句 战争期间，国家山河破碎，无数家庭也随之巢倾卵破，毁于一旦。

成语人生

尺有所短,寸有所长。每个人都有优点,但也有缺点。我们在看待别人时,应该多一份宽容之心,而不是用苛刻的标准,随时准备挑刺儿。

同时,我们也应该认识到,"吹毛求疵"并不等于严谨。严谨是在尊崇科学和客观依据的基础上,对真理或细节的如实追求。而"吹毛求疵"则是主观上刻意地去找错误、挑毛病,二者不可相提并论。

比喻故意挑毛病、找岔子。

吹毛求疵（cī）

探源 《韩非子·大体》:"不吹毛而求小疵,不洗垢而察难知。"

字解 吹毛:吹开皮上的毛。求:寻找。疵:斑点,指毛病。

例句 如果对各种探索之举吹毛求疵、求全责备,将给先行先试者带来多少无端的压力?

易错点睛

蓝,不可写作"篮"。

近义词:栉风沐雨。

《庄子·天下》:"禹沐甚雨,栉疾风。"用风雨梳洗头发。形容人不避风雨,辛苦地四处奔波。"栉风沐雨"适用范围较广,而"筚路蓝缕"多用于形容创业的艰难。

驾着柴车穿着破旧的衣服去开辟山林。后用来形容创业的艰难和辛苦。

筚路蓝缕（bì）

探源 《左传·宣公十二年》:"筚路蓝缕,以启山林。"

字解 筚路:柴车。蓝缕:破衣服。

例句 近代以来,无数仁人志士殚精竭虑、筚路蓝缕,奋力实现强国富民的光荣梦想。

微信扫一扫
视频更精彩

吹毛求疵

形容思念或牵挂中的那个人。

秋水伊人

探源　《诗经·秦风·蒹葭》："蒹葭苍苍，白露为霜；所谓伊人，在水一方。"

字解　伊人：那个人，指所思慕的对象。

例句　思想可以任意天马行空：可以想荷塘月色边的蛙声一片，也可以遥想灯火阑珊处的秋水伊人。

文化密码

"蒹葭苍苍，白露为霜"，从这一句看，当时应为秋天，气温很低，芦苇上已满是白霜，因此，称"伊人"为"秋水伊人"就不难理解了。

在传统文化中，"秋水"指清澈流动的眼波，引申为盼望、思念。如"望穿秋水""秋水盈盈"中的"秋水"就取此意。

除了"秋水"，"春水"也可代指人的眼睛，如崔珏《有赠》诗："两脸夭桃从镜发，一眸春水照人寒。"

指老朋友重逢，共叙旧情。

班荆道故

探源　《左传·襄公二十六年》："伍举奔郑，将遂奔晋。声子将如晋，遇之于郑郊，班荆相与食，而言复故。"

字解　班：铺开。道：叙说。故：过去的事，旧情。

例句　一次老友相逢，一次班荆道故，竟使我萌发了辞掉工作，前往西部支教的想法。

成语故事

春秋时，楚国伍举与蔡国声子交好，可惜身处两地，很少见面。伍举的岳父犯罪逃跑，有人造谣是伍举送他逃的，伍举无奈出逃，在郑都城郊遇见声子。他们在路边拔些荆条铺在地上边吃边聊。听了事情经过，声子很为伍举不平，决心帮他平反。他让伍举先去晋国，自己去见楚国令尹（相当于宰相）子木，以"楚才晋用"为喻，陈说利害，最终说服子木，让伍举重返楚国。

品读

成语人生

做事情应脚踏实地，量力而行，循序渐进方可有所收获；眼高手低，好高骛远，则必然会一事无成。从这一点看，"蚍蜉撼大树"无疑是可笑的。但从另一方面来说，树立一个高远理想，并为之努力奋斗，不管成功与否，也同样值得尊重和赞扬。"蚍蜉撼大树"固然可笑，但"千里之堤，溃于蚁穴"却见证了蚂蚁的巨大力量。可见，除了确定目标，积累和坚持对结果同样有举足轻重的影响。

比喻其力量很小，而想动摇强大的事物，不自量力。

pí fú
蚍蜉撼大树

探源	唐·韩愈《调张籍》："李杜文章在，光焰万丈长。不知群儿愚，那用故谤伤。蚍蜉撼大树，可笑不自量。"
字解	蚍蜉：蚂蚁。撼：摇动。
例句	这些国家或许能给中国制造点麻烦，但他们要想阻挡中国崛起的步伐，实在是蚍蜉撼大树。

易错点睛

履，不可写作"覆"。

近义词：小心翼翼。原指恭敬谨慎。后用来形容十分谨慎，一点也不敢疏忽。"如履薄冰"较"小心翼翼"生动形象，多用于比较严肃的场合；"小心翼翼"的适用范围更广，可用于各种情况。

如同踩在薄冰上一样。形容战战兢兢、小心谨慎的样子。

如履薄冰

探源	《诗·小雅·小旻》："战战兢兢，如临深渊，如履薄冰。"
字解	履：踩，走过。
例句	面对这份信任，我们在欢欣鼓舞的同时，更应当如临深渊、如履薄冰，严谨、认真地做好每一个细节工作。

微信扫一扫
视频更精彩

临时抱佛脚

形容悲壮动人的音乐。

哀丝豪竹

探源 唐·杜甫《醉为马坠诸公携酒相看》："酒肉如山又一时,初筵哀丝动豪竹。"

字解 哀:哀婉。丝:丝弦乐器。竹:指管乐器。

例句 所谓哀丝豪竹,动人心弦,真正动人的音乐必然含有深厚的内涵和丰沛的感情。

文化密码

《礼记·乐记》曰"德者,性之端也;乐者,德之华也;金石丝竹,乐之器也。"古人初作乐,就地取材,以丝为弦,以竹为管,制琴、瑟、箫、笛等乐器,因此常用"丝竹"或者"管弦"代指音乐。如王羲之《兰亭集序》"虽无丝竹管弦之盛,一觞一咏,亦足以畅叙幽情",刘禹锡《陋室铭》"无丝竹之乱耳",白居易《琵琶行》"举酒欲饮无管弦"等。

比喻得到与自己心意投合的人或适合自己的发展环境。

如鱼得水

探源 《三国志·蜀书·诸葛亮传》:"先主解之曰:'孤之有孔明,犹鱼之有水也。'"

例句 越是在国内市场如鱼得水的企业,越要避免在海外市场想当然地照搬国内经验。

成语故事

东汉末年,权臣专权,军阀割据混战,有为之士纷纷摩拳擦掌,欲在这乱世建一番功业。刘备三顾茅庐,礼贤下士的诚意和风度打动诸葛亮出山匡助。诸葛亮仔细分析了当时的情势,提出据荆州,与曹操、孙权鼎足三分的策略,助刘备平定西南,建立蜀汉,二人堪称君臣相得的典范。一次,刘备高兴地说:"我得到诸葛亮的辅助,就好像鱼得了水一样。"

08 成语游戏 明辨是非

第一组 在与成语相关的正确描述前画☺，错误描述前画☹。

1. 涸辙之鲋	这个成语出自《韩非子》。
	指在干涸的车辙沟里的鲫鱼，比喻处于困境之中。
2. 哀丝豪竹	用来形容轻松愉快的音乐。
	丝，指弦乐器。竹，指管乐器。
3. 七月流火	出自《诗经》。
	形容天气逐渐炎热起来。
4. 古稀之年	"古稀"是指八九十岁。
	这个成语与"花甲之年"同义。
5. 明察秋毫	"秋毫"是指秋天鸟兽身上新长出来的细毛。
	这是一个贬义成语。
6. 己所不欲，勿施于人	这个成语出自《孟子》。
	意思是自己不喜欢或做不到的，不要强加给别人。
7. 皓首穷经	"皓"是白的意思。
	这个成语形容人穷困落魄的样子。
8. 登堂入室	也可以写作"升堂入室"。
	这是形容小偷潜入家中的成语。
9. 沉鱼落雁	这个成语出自《庄子》。
	常与"闭月羞花"连用。
10. 凤毛麟角	与"百里挑一"是同义词。
	比喻稀罕而又可贵的人才或事物。
11. 羚羊挂角	旧时多比喻诗的意境超脱。
	后面常跟着一句"无迹可寻"。
12. 美轮美奂	"奂"是众多的意思。
	可以用来形容精美的绘画作品。

第二组 在与成语相关的正确描述前画☺，错误描述前画☹。

1. 鹤发鸡皮	"鹤发"是指像白鹤羽毛那样白的头发。
	与"鹤发童颜"是同义词。
2. 茕茕孑立	出自晋代李密的《陈情表》。
	"茕茕"是指孤单的样子。
3. 风声鹤唳	与"草木皆兵"是近义词。
	这个成语与谢玄有关。
4. 褐衣蔬食	形容很丰足的生活。
	"褐衣"是地位很高的人穿的衣服。
5. 风流蕴藉	指人行为不端。
	和"风流韵事"是同义词。
6. 泾渭分明	泾水和渭水都是长江的支流。
	比喻界限清楚，是非分明。
7. 前倨后恭	"倨"和"恭"意思相同。
	形容对人非常尊敬。
8. 前度刘郎	泛指去了又回来的人。
	出自刘禹锡诗句"前度刘郎今又来"。
9. 口吐珠玑	"珠"和"玑"都是珠宝。
	形容人说话有文采。
10. 炉火纯青	与"出神入化"意思相近。
	比喻技艺或学问、修养达到完美的境界。
11. 既往不咎	"咎"是责备的意思。
	与"继往开来"是同义词。
12. 弃甲曳兵	"兵"指武器。
	形容打败仗狼狈逃跑的样子。
13. 离群索居	"索"是单独的意思。
	指离开同伴一个人孤独地生活。

成语英雄 清华相声组合（李寅飞、叶蓬）

第九章
失之东隅，收之桑榆

释义：东汉初，冯异与赤眉军作战，先败后胜。光武帝慰劳他说："始虽垂翅回溪，终能奋翼黾池，可谓失之东隅，收之桑榆。"原指早上丢失了，晚上又收回了。后用来比喻在某一方面有所损失，在另一方面还能挽回或有新的收获。

探源：《后汉书·冯异传》："始虽垂翅回溪，终能奋翼黾池，可谓失之东隅，收之桑榆。"

第一关　牛刀小试　看图片，猜成语。（答案见228页）

1.　　　　2.

3.　　　　4.

第二关　登堂入室　看图片，猜成语。（答案见228页）

1. ☐☐☐☐

2. ☐☐☐☐

3. ☐☐☐☐

4. ☐☐☐☐

5. ☐☐☐☐

100页 锦囊妙计

1. 比喻见闻太少，认不出地位高和本领大的人。
2. 指时机一旦成熟，事情自然成功。
3. 形容景色宜人、环境优雅的地方。
4. 比喻事情已成定局，无法挽回。
5. 原意是人生时间有限，应该有所作为。后也用来指及时行乐。

本页锦囊妙计在第128页下方。

• 第三关　炉火纯青 • 看图片，猜成语。（答案见228页）

1. ☐☐☐☐☐☐☐ 〔7字〕

2.  ☐☐☐☐

3.  ☐☐☐☐

4.  ☐☐☐☐

101页 锦囊妙计

1. 形容公事繁忙。
2. 比喻不事先防范，事到临头才想补救，无济于事。
3. 指在战场上建立战功。现指辛勤工作做出贡献。
4. 形容室中空无所有，极为贫困。
5. 比喻人居于高位难免因不被理解而承受孤独。

5. ☐☐☐☐☐

本页锦囊妙计在第129页下方。

成语人生

生活在现代社会，让我们分心的东西很多，互联网、影视剧、游戏机等形形色色的东西会让我们沉迷其中，不能自拔。但是，如果想要有所成就，就必须有所割舍。所谓"制心一处，无事不办"，无论做什么事，只要目标如一，始终不弃，定能有所收获。

学习亦是如此，专心致志的人，才能学有所成；心不在焉的人，则将虚度光阴，一无所成。

指思想不集中，喜好不专一。

鸿鹄将至

探源 《孟子·告子上》："弈秋诲二人弈，其一人专心致志，惟弈秋之为听。一人虽听之，一心以为有鸿鹄将至，思援弓缴而射之，虽与之俱学，弗若之矣。"

字解 鸿鹄：天鹅。

例句 那时赵刚很调皮，一心以为有鸿鹄将至，老师很气愤，便喊他站起来回答问题。

易错点睛

要注意"偷梁换柱"与"移花接木""偷天换日"的区别。三者都比喻暗中玩弄手段，用一种事物代替另外一种事物。"偷梁换柱"强调的是以假代真，以次充好，以劣代优，多含贬义；而"移花接木"原指把一种花木的枝条嫁接到另一种花木上，比喻暗中用手段更换人或事物。"偷天换日"是指暗中做手脚改变事物的真相，欺骗他人，语义较重，多用于一些重大的事件。

比喻暗中耍手段改变事物内容，以假代真，以劣代优。

偷梁换柱

探源 出自《三十六计》第二十五计《偷梁换柱》："频更其阵，抽其劲旅，待其自败，而后乘之，曳其轮也。"

字解 梁：房梁。柱：房柱。

例句 有的企业在产品成名后，便减少配料、缩短工艺周期，甚至偷梁换柱，用低质量的产品来蒙蔽消费者。

指意外的灾祸或事故。也特指人死亡。

三长两短

探源 有学者认为"三长两短"是指一副棺材的三块长板（底面和左右两面，棺材盖要最后盖上，所以不算在内）和前后两块短板。因此"三长两短"暗指棺材，有危险和死亡之意。

例句 万一海儿有个三长两短，那我也活不下去了。

文化密码

我国周朝时流行棺椁制，即将死者尸体装入棺椁再行埋葬的墓葬制。棺即装殓尸体的木制葬具，椁是套在棺外的大棺材。棺椁的材质和数量象征着死者的身份和等级。天子棺椁四重，上公三重，侯伯子男二重，大夫一重，士和庶民有棺无椁。

古人喜爱以梓木、楠木等制造棺木，古代广西柳州是木材集散地，棺木制作水平也高，因此有"住在杭州，穿在苏州，食在广州，死在柳州"的说法。

形容所写的文章非常美妙。

妙笔生花

探源 五代·王仁裕《开元天宝遗事·梦笔头生花》："李太白少时，梦所用之笔头上生花。后天才赡逸，名闻天下。"

字解 妙笔：神妙之笔。

例句 女儿在阅读时，经常感叹文学名著的妙笔生花之处。

易错点睛

形容一个人文思才情的成语还有"倚马可待""七步成章"。"倚马可待"一词出自《世说新语》中袁虎的典故，原指倚在即将出发的战马前起草文件，可以等着完稿，后形容才思敏捷。"七步成章"一词出自《世说新语》中曹植七步成诗的典故，指人有敏捷的文才。可见，同是形容人的文才，"妙笔生花"侧重强调才思的横溢，而"倚马可待"和"七步成章"则强调才思的敏捷。

成语人生

东汉时,光武帝刘秀赏赐给太学里的教学博士每人一只羊。每只羊肥瘦不一,教学博士们不知该如何分配才合理。这时,一位叫甄宇的博士站出来说:"我们身为博士,应该为人师表,怎能挑肥拣瘦呢?"说罢,他将一头最瘦的羊牵走。其他人也不再争论,互相谦让,各自牵羊回家。洛阳城里的人都赞扬甄宇,称其为"瘦羊博士"。日常生活中,斤斤计较只会引起不必要的事端,克己让人才是为人处世的美德。

比喻挑挑拣拣,光要对自己有利的。

挑肥拣瘦

探源 《后汉书·甄宇传》李贤注引《东观汉记》:"建武中每腊,诏书赐博士一羊。羊有大小肥瘦。时博士祭酒议,欲杀羊分肉……宇因先自取其最瘦者,由是不复有争讼。"

字解 挑:挑选。拣:选择。

例句 企业急需人才,而大学毕业生找工作却挑肥拣瘦。

易错点睛

"栗"不可写作"粟"。粟是谷粒,未去皮壳的称为粟,已舂去糠的称为米。粟在诗文当中常用来比喻非常渺小、微不足道的东西。比如苏轼在《前赤壁赋》中有一句名言"寄蜉蝣于天地,渺沧海之一粟。"

比喻冒着风险替别人出力,自己却没得到一点好处。

火中取栗

探源 17世纪法国寓言诗人拉·封登的寓言《猴子和猫》中说:一只猴子骗猫去取火中烤着的栗子。栗子取出后被猴子吃了,猫不但没吃着,反而被烧掉爪子上的毛。

例句 你们不能把我当成你们的工具,替你们火中取栗。

微信扫一扫
视频更精彩

目光如炬

诗经·国风

原形容桃花茂盛鲜艳。后来借"桃"谐"逃"音，用作逃跑的诙谐说法。

逃之夭夭

探源 《诗经·周南·桃夭》："桃之夭夭，灼灼其华。"
字解 夭夭：茂盛。
例句 店家将这样的翻新手机以略微低于市场的价格卖给顾客，出现问题后，就逃之夭夭。

文化密码

谐音作为一种语言现象，在汉语中经常出现，或用于寄托幽深的辞趣，或用于表达美好的愿望，或用于有创意的广告语。

《红楼梦》中谐音现象就很多，如贾府四千金元春、迎春、探春、惜春的名字中元、迎、探、惜谐音"原应叹息"，为小说人物的命运埋下了伏笔。婚俗中用"枣子"谐"早子"，用"栗子"谐"立子"，表达早生贵子的愿望。

鹦鹉能够模仿人说话的声音。比喻人云亦云，没有主见。

鹦鹉学舌

探源 宋·释道原《景德传灯录》卷二十八："如鹦鹉只学人言，不得人意。经传佛意，不得佛意而但诵，是学语人，所以不许。"
字解 学舌：模仿别人说话。
例句 读书要有自己的思考，鹦鹉学舌般地复述别人的想法是毫无意义的。

成语故事

唐朝时，有一和尚询问慧海禅师："为什么你不允许诵读经书，而把诵读视为说客套话？"慧海禅师回答说："诵读经书就像鹦鹉那样模仿人说话的声音，而不能领会人说话的含义。经书是用来传达佛的旨意，不能领会佛的旨意而一味诵读，那就像鹦鹉那样学人说话而已，因此我不同意诵读。"

成语人生

古人云："行船不端，风浪毁之；为官不廉，百姓弃之。"历史上多少王朝都是因为上下官员腐败导致百姓怨声载道，外敌入侵，国家灭亡。为官从政者，最忌"贪婪"二字。任期内庸庸碌碌，毫无作为者，虽可恨，但尚可理解；但追名逐利，贪污腐化者，无不是落得锒铛入狱，被万人唾弃。只有那些真正为百姓着想的清官贤吏才能被百姓所爱戴，在青史上传为佳话。

袖中只有清风，别无所有，多形容为官清廉。

两袖清风

探源 宋·释道璨《和邓讲书》："夜来梦泛沧浪水，两袖清风钓岸沙。"

字解 袖：衣袖。古代的衣袖很长，风一吹便舞动飞扬。

例句 他从政几十年，始终清廉自守，两袖清风，直到病逝时，存款还不足一万元。

易错点睛

敝，破旧的意思，不可写作"隐蔽"的"蔽"。"敝帚自珍"主要指对旧东西或不值钱的东西非常珍惜。如："他对新买的手机敝帚自珍，每天拿着看来看去。"这个句子中"敝帚自珍"是错误的，应换成"爱不释手"。

比喻自己的东西虽然不好，却非常珍爱。

敝帚自珍

探源 《东观汉记·光武帝记》："一量放兵纵火，闻之可以酸鼻。家有敝帚，享之千金。"

字解 敝：破烂，破旧。帚：扫除刷洗秽物的用具。

例句 爸爸是个敝帚自珍的人，你要换掉他的旧书桌等于要了他的命。

微信扫一扫
视频更精彩

沉鱼落雁

形容女子容貌十分美丽。

沉鱼落雁

探源 《庄子·齐物论》:"毛嫱、丽姬,人之所美也;鱼见之深入,鸟见之高飞,麋鹿见之决骤,四者孰知天下之正色哉?"

例句 人格魅力不同于优雅的气质,也不同于沉鱼落雁的容貌,它是指一个人的品质、作风、知识、才干、业绩以及行为榜样对他人所产生的影响力。

文化密码

古代诗文中关于美女的比喻多不胜数,比如"手如柔荑,肤如凝脂,领如蝤蛴,齿如瓠犀""指如削葱根,口如含朱丹""颜如玉,气如兰""玉骨冰肌",等等。

当然,美女的描绘者也不乏名家。曹植心中的宓妃是"翩若惊鸿,矫若游龙"。李白眼中的杨贵妃是"云想衣裳花想容,春风拂槛露华浓"。曹雪芹笔下的林黛玉是"娴静时如姣花照水,行动处似弱柳扶风"。

形容呆笨或因恐惧、惊讶而发呆的样子。

呆若木鸡

探源 《庄子·达生》:"望之似木鸡矣,其德全矣。异鸡无敢应者,反走矣。"原意是已训练好的斗鸡,听见别的鸡鸣叫时,镇定自若,跟木雕的鸡一样。后来意思转变了,形容呆笨或因恐惧、惊讶而发呆的样子。

例句 听到他不幸在抢险救灾中牺牲了,其他队员们呆若木鸡,无法接受这个事实。

成语故事

纪渻子为国王驯养斗鸡。过了十天,国王问:"驯好了吗?"他说:"没有,它还太骄傲。"又十天,国王再问,他说:"它看到其他鸡的影子还有反应。"十天后,国王又问,他说:"还不行。它的目光还过于盛气凌人。"又过了十天,他禀告国王说:"现在差不多了。它见到其他斗鸡,已经不为所动,看上去就像一只木头做的鸡,其他斗鸡看见它一定望而却步,未战而逃。"

成语人生

孟子说"得天下英才而教育之"是人生的一乐，其实老师内心都希望学生能青出于蓝而胜于蓝。百丈禅师有一句话："见与师齐，减师半德；见过于师，方堪传授。"他认为学生的见解与老师一样，其实只学到了老师的一半，只有超过老师，才算是老师的得意门生。每一代人都应该在继承前辈先贤的基础上求创新、求突破、求发展，这样才能与时俱进。

用来比喻学生胜过老师，或后人胜过前人。

青出于蓝

探源 《荀子·劝学》："青，取之于蓝而青于蓝；冰，水为之而寒于水。"

字解 青：靛青，从蓼蓝中提炼出来，而颜色比蓼蓝更深。蓝：即蓼蓝，一种含有靛青素的草，叶可制蓝色染料。

例句 每个老师打心底里都是希望自己的学生能够青出于蓝。

易错点睛

注意辨析"天马行空"和"信马由缰"两词。两者都有马不受约束、自由奔走的意思。"信马由缰"一词是指骑在马上，不拉缰绳，由着马走，也比喻无目地闲逛或随意行动。"天马行空"一词则指天马在空中自由奔驰，其延伸意义更丰富，涉及才华、行动、言论等方面。"信马由缰"是人为的因素使得马儿自由游走，而"天马行空"则是毫无人为因素控制的放纵驰骋。

形容才华横溢，气势豪放，不受约束。也形容不受约束，自由行动或发展。

天马行空

探源 明·刘廷振《萨天锡诗集序》："其所以神化而超出于众表者，殆犹天马行空而步骤不凡。"

字解 天马：汉武帝对从西域大宛国得到的汗血马的称号，意为神马。

例句 李白才气纵横，行文有如天马行空，一气呵成。

形容惊慌疑惧，自相惊扰。

风声鹤唳

探源 《晋书·谢玄传》："闻风声鹤唳，皆以为王师已至。"
字解 唳：鹤鸣，也泛指鸟鸣。
例句 所有这些使伦敦股市上投资者的心理极度脆弱，一有风吹草动，便风声鹤唳。

文化密码

汉朝的许慎在《说文解字》一书中指出汉字有六种造字方法，形声法就是其中一种，即由形旁和声旁拼合而成的造字法。动物的声音千差万别，发出声音得用"口"，因此用口作为形旁，再找些字作为声旁，就可以创造出新的字来表示特定动物的声音，如鹤唳、虎啸、狼嚎、龙吟、鹿鸣、马嘶、狮吼、牛哞、羊咩、狗吠、鸡啼、鸦噪等。

指低下卑贱的技能或行为。也指有这种技能或行为的人。

鸡鸣狗盗

探源 《史记·孟尝君列传》："……夜为狗，以入秦宫藏中，取所献狐白裘至，以献秦王幸姬……尝君至关，关法鸡鸣出客，孟尝君恐追至，客之居下坐者有能为鸡鸣，而鸡齐鸣，遂发传出。"
字解 鸣：啼叫。盗：偷窃，劫掠。
例句 我们要树立正确的人生观，做一个堂堂正正的人，绝不干鸡鸣狗盗的事！

成语故事

战国时，齐国的孟尝君出使秦国，把一件天下无双的狐白裘进献给秦昭王。后秦王听信谗言，将孟尝君囚禁起来，打算处死他。他托人找秦昭王最宠爱的妃子帮忙说情。妃子说："可以帮忙，但是得给我那件狐白裘。"他的一门客便模仿狗叫声，从狗洞潜入秦王内库盗出那件狐白裘送给秦王的爱妃。孟尝君被释放后连夜逃离秦国。至函谷关时，另一门客又学公鸡啼叫，骗取城卫打开城门，才得以脱身。

09 成语游戏 浮想联翩

第一组 根据相关提示猜成语。

范晔《后汉书·吴佑传》
公沙穆筹学费做舂米工
指不计较身份、不嫌弃贫贱而结成的友谊

1. _____

《宋史》
形容无中生有，凭空诬陷
与历史人物岳飞有关

(3字成语) 2. _____

北魏李谧
比喻藏书极为丰富
近义词：汗牛充栋、万签插架

3. _____

《左传·宣公三年》
传说中的山精、水怪
原指妖魔鬼怪，也指各种坏人

4. _____

《新唐书》
瓦岗军首领李密
形容勤奋苦读或悠闲自在读书

5. _____

含《周易》六十四卦中的两个卦名
指坏的到了尽头，好的就来了
近义词：苦尽甘来

6. _____

冯梦龙《醒世恒言》
古代划分人的地位和职业等级
泛指宗教、学术中的各种流派

7. _____

孔子《论语·里仁》
后世儒家修身养德的座右铭
_____ 焉，见不贤而得自省也

8. _____

《道德经》
形容彼此隔绝，互不联系
邻国相望，鸡犬之声相闻，民至 ____

(6字成语) 9. _____

沈括《梦溪笔谈》
形容清雅脱俗的隐居情怀
北宋著名词人林逋的生活状态

10. _____

第二组 根据相关提示猜成语。

《周易·乾》
身居高位不知进退，必有衰败之悔。
"降龙十八掌"的武功招数之一

1.

美女的眼睛
用眉眼活动表达情意
春晚小品中经典台词

2.

《千字文》排序
科举考试中座位第一排的第一个
比喻最大最强最重要的人或事

（5字成语） 3.

司马迁《史记·高祖本纪》
杀人者死，伤人及盗抵罪
订立简单的条款，以资遵守

4.

《论语》
年龄代称
"花甲之年"的同义词

5.

欧阳修《醉翁亭记》
比喻事情出现新的转机
安徽省滁州市琅琊山景点

6.

形容人极有才学和才干
常和"学富五车""才高八斗"连用
陕西演员的著名相声

7.

刘义庆《世说新语》
指出身名门的优秀女子
反义词：小家碧玉

8.

《晏子春秋》
齐景公 古冶子 公孙接 田开疆
比喻用分化瓦解的方式杀人

（5字成语） 9.

反义词：推陈出新
比喻按照前任成规办事
萧何 曹参

10.

成语达人　人小鬼大雷丰图

<<< 闯关

第十章
桃李不言，下自成蹊

释义：桃树李树不说话，但由于人们前来赏花摘果，使得树下自然成了一条路。比喻为人诚挚，自然会受到人们的尊敬，产生极大的感召力。

探源：《史记·李将军列传》："谚曰'桃李不言，下自成蹊。'此言虽小，可以谕大也。"

· 第一关　牛刀小试 ·　看图片，猜成语。（答案见228页）

1.

2.

3.

4.

· 第二关　登堂入室 ·　看图片，猜成语。（答案见228页）

1. ☐☐☐☐

2. ☐☐☐☐

3. ☐☐☐☐

4. ☐☐☐☐☐ 〔5字〕

5. ☐☐☐☐

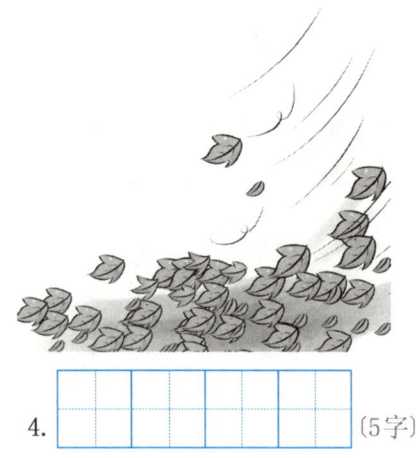

114页 锦囊妙计

1. 比喻思想麻痹，丧失警惕。
2. 指带有侮辱性的施舍。
3. 比喻双方的意向、认识等一下子就达成一致。
4. 指戏曲表演的四种艺术形式。
5. 指大风大雨。也比喻猛烈的声势或处境险恶。

本页锦囊妙计在第142页下方。

· 第三关　炉火纯青 ·　看图片，猜成语。（答案见228页）

1. ☐☐☐☐☐☐

2. ☐☐☐☐☐☐☐☐ (8字)

3. ☐☐☐☐☐☐

4. ☐☐☐☐☐☐

5. ☐☐☐☐☐

115页 锦囊妙计

1. 指本意不在此而在别的方面；有时也指别有用心。
2. 形容许多人聚在一起饮酒的热闹情景。
3. 比喻志向远大，不怕困难，奋勇前进。
4. 高贵的朋友坐满了席位。形容宾客很多。
5. 指提出新奇的见解，表示自己与众不同。

本页锦囊妙计在第143页下方。

成语人生

"人事有代谢,往来成古今。江山留胜迹,我辈复登临。"每个人来到世上都或多或少会留下一些痕迹:有的人留下奋斗的身影,供人仰慕;有的人留下美好的声名,供人传播;有的人著书立说,留下诗文,供人品读。孔子一生周游列国,诲人不倦,后人一直追寻他的足迹,学习他的思想;韩愈被贬潮州,然而他勤政爱民,潮州的江山都为其改名。

大雁踏过雪地时留下的爪印。用以比喻往事留下的痕迹。

雪泥鸿爪

探源 宋·苏轼《和子由渑池怀旧》诗:"人生到处知何似,应似飞鸿踏雪泥。泥上偶然留指爪,鸿飞那复计东西。"

字解 雪泥:雪后泥路。鸿:大雁。

例句 每一个历史性的文件都是历史留下的雪泥鸿爪。

易错点睛

"隅"不能误写为"偶"。注意辨析"负隅顽抗"与"背水一战""破釜沉舟"的词义。三者都有"在一定的环境下下定决心一拼到底"的意思。"背水一战"强调的是在没有退路的绝境面前做最后一次努力或拼搏。"破釜沉舟"是自己不给自己留退路,下定决心拼命到底。"负隅顽抗"强调凭借某种有利的条件进行抵抗。

指凭借险要地势或某种条件进行拼死抵抗。含贬义。

负隅顽抗
yú

探源 《孟子·尽心下》:"有众逐虎,虎负嵎,莫之敢撄。"

字解 负:依仗。隅:原作"嵎",山势弯曲处,指险要的地势。

例句 村民兵连长戴秀芳迅速组织民兵追捕逃犯,两名歹徒持枪负隅顽抗,一人自杀,一人被擒获。

指男子二十岁左右的年龄。

弱冠之年 guàn

探源 《礼记·曲礼上》："二十曰弱,冠。"唐·孔颖达疏："二十成人初加冠,体犹未壮,故曰弱也。"

字解 弱：这里指年幼，年少。冠：古代男子到二十岁时则举行加冠礼，叫作冠。

例句 抱石先生在弱冠之年即潜心于美术史论的研究,自1925年撰写《国画源流概述》,兹后乐此不疲。

文化密码

我国古代成人礼有男女之分,男的称冠礼,女的称笄礼。冠礼,指族中的长辈为年满二十岁的男子加冠,表示其成人,可以婚娶。笄礼,指为年满十五岁的女子将发辫盘至头顶,用簪子插住,表示其成人,可以婚嫁。成人礼从周代一直延续到明朝,直到清朝时才废止。近年来,随着传统文化的回归,很多地方都为适龄的男女举行成年礼。

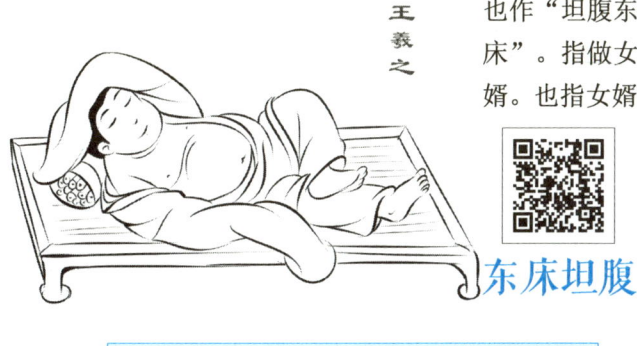

也作"坦腹东床"。指做女婿。也指女婿。

东床坦腹

探源 南朝宋·刘义庆《世说新语·雅量》："王家诸郎,亦皆可嘉,闻来觅婿,咸自矜持,唯有一郎在东床上坦腹卧,如不闻。"

字解 坦：敞开，显露。腹：胸腹。

例句 他为了女儿的婚事,东奔西跑,总想找个像王羲之一样东床坦腹的女婿。

成语故事

东晋时,太尉郗鉴想在丞相王导的族中选一人做女婿。王导对郗鉴的送信人说："你到东厢房去,任意选吧！"送信人回去后,告诉郗鉴说："王家几个子弟听说我的来意,都显得拘谨不自然。只有一位敞开衣服,露着肚子,躺在东床上,若无其事。"郗鉴说："这正是我要选的女婿。"于是将女儿嫁给了他。这位"东床坦腹"的公子,就是大名鼎鼎的书法家王羲之。

品读

文化密码

古诗文中，常常用与女子容貌和服饰有关的词语来代指女子，如红袖、红裙、红粉、粉黛、蛾眉、红颜、红妆、裙钗、巾帼等。此外，美女的别称还有佳人、丽人、玉人、仙子、娇娘、妖娆、姝丽、碧玉、倾城、倾国、惊鸿、丽姬、解语花等。采用这些高度浓缩化的词语，一方面，增强了诗文的美感；另一方面，诗意的词语也会引发读者极为丰富的想象，提升诗文的表达意境。

旧指佳人伴读。

红袖添香

探源	清·魏秀仁《花月痕》："从此绿鬓视草，红袖添香；眷属疑仙，文章华国。"
字解	红袖：借指红颜女子。添香：往炉中加入香饼或香末等香料。
例句	无论有没有下雪，是否围着火炉，也无论有没有红袖添香，读这本书一定是一种享受。

易错点睛

注意辨析"响遏行云"和"震耳欲聋"两词。"响遏行云"多用来形容歌声、乐声嘹亮有力，悦耳动听；而形容声音特别大时多用"震耳欲聋"。如："枪炮声大起，响遏行云，我前线将士向敌人发起了进攻。"这个句子的语境不适合用"响遏行云"，可改成"震耳欲聋"。

形容歌声乐声等嘹亮悠扬。

响遏行云

探源	《列子·汤问》："抚节悲歌，声振林木，响遏行云。"
字解	遏：阻止。行云：流动的云。
例句	录音机里，伴奏声响起来了，随后是窦娥那响遏行云的"反二黄慢板"。

微信扫一扫
视频更精彩

响遏行云

指放弃进取功名，遁世隐居。也比喻知难而退。

望峰息心

探源 南朝梁·吴均《与朱元思书》："鸢飞戾天者，望峰息心；经纶世务者，窥谷忘反。"

字解 息：停止，停息。心：此处指追求利禄名位等世俗的心志。

例句 在这沧桑变幻之中，能够望峰息心，不为时势所驱，不为世俗所染是很不容易的。

文化密码

"归去来兮！田园将芜，胡不归！"我国自古就不乏归隐山林之士，这成为我们解读古人时不可忽视的现象。古人归隐的原因很多：有像范蠡一样功成名就，急流勇退，泛舟五湖的；有像陶渊明一样厌倦尘俗，见素抱朴，苏世独立的；有像孟浩然一样怀才不遇，归隐山林，独善其身的；当然也有伪装隐居以求功名利禄的。唐代的卢藏用就曾经在长安城附近的终南山隐居，由此声名大振，受到皇帝的重用，官至礼部侍郎。

比喻促使人猛醒的警告。

当头棒喝

探源 佛教禅宗祖师接待初来学佛的人，常用棒对人虚击一下或大喝一声，要对方不加思索地做出反应，以考验其对佛理的领悟程度。

字解 棒：用棍棒击打。喝：大声喊叫。

例句 这番话犹如当头棒喝，刚才还八面威风的"大武生"一下子耷拉了脑袋。

文化密码

大家可记得《西游记》中这样的一幕？菩提祖师手持戒尺在悟空头上敲打三下，悟空悟破玄机，当天夜里三更到祖师房学艺。这应该是《西游记》作者将禅宗"当头棒喝"的教学手段巧妙地融进了小说中。禅宗讲究"顿悟"，在一棒一喝之间观机逗教，以语言之外的特殊方法，让人一瞬间悟破玄机，参得佛理。这种启发式的教育，对我们今天的教学活动很有借鉴价值。

成语人生

有人说:"世界上只有两种动物能到达金字塔顶,一种是老鹰,一种是蜗牛。"如果说老鹰是因为天资奇绝才能雄踞塔顶、俯视万里,那么蜗牛则是靠后天坚持而登临塔尖、极目四方。坚持是一个磨砺意志的过程,坚持的过程中充满了种种阻碍、磨难甚至痛苦,意志薄弱者很快就会半途而废,败下阵来;而意志坚强者,却可以靠着自己的坚韧和信念,获得成功。

比喻为学、做事时而勤奋,时而懈怠,不能持之以恒。

一曝十寒 pù

探源 《孟子·告子上》:"虽有天下易生之物也,一日暴之,十日寒之,未有能生者也。"(暴:同"曝"。)

字解 曝:晒。寒:使寒冷。

例句 有一个学生天资很高,但对学习心猿意马,一曝十寒,光凭一点小聪明应付老师,结果学习成绩并不理想。

易错点睛

注意辨析"一箭之地"与"一隅之地""一席之地"的区别。"一箭之地"形容两者之间只有一支箭射出的距离那么远,强调距离。"一隅之地"指偏僻狭小的地方,侧重范围。"一席之地"则指很小的一块地方或一定的位置,用来形容地方小之外,更多用来说明人或物应该拥有的位置。

一箭射程的距离。比喻相距不远。

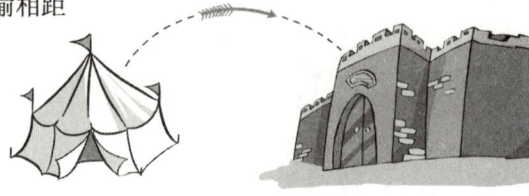

一箭之地

探源 元·无名氏《秦并六国平话》卷上:"王翦人兵赶上,城前一箭之地驻扎人马。"

字解 箭:搭在弓上发射的武器。古代一般用竹制,尖端有金属的头。

例句 棕色的浓云在天上飘来飘去,夜色迷蒙,一箭之地外的东西就看不清楚了。

比喻一群人中没有领导者。

群龙无首

探源 《周易·乾》:"用九,见群龙,无首,吉。"

字解 首:首领,领头的人。

例句 宋教仁被刺后,民权派群龙无首,势力大减,袁世凯乘机强行通过中央集权制的民国宪法。

文化密码

龙作为一种神异的图腾,在我国文化思想史上源远流长。我国现存最古老的典籍《周易》就有多处用"龙"来阐述人生的道理。如"潜龙勿用""飞龙在天""亢龙有悔"等。"潜龙勿用"教育人们在事情发展之初要小心翼翼,不能轻举妄动;"飞龙在天"是表示有德有才之人身处高位;"亢龙有悔"是劝诫居高位者要谦退,不然势必由盛转衰,难免有败亡之悔。

指中医对病人进行诊断的方法。

望闻问切

探源 最早源于《难经·六十一难》。最早使用四字联称,则应出于《古今医统》:"望闻问切四字,诚为医之纲领。"

字解 望,观气色。闻:听声息、嗅气味。问:问症状。切:按脉象。

例句 为切实减轻患者经济负担,医护人员通过望闻问切就能诊断的疾病绝不用仪器。

文化密码

望、闻、问、切,是中医的四诊法,战国时的扁鹊对四诊法的形成和确立做出了重要的贡献。望诊,是指医生通过肉眼观察病人外部的神、色、形、态,从而推断疾病。闻诊,是指医生通过听觉和嗅觉,辨析病人说话的声音和呼吸咳嗽时的气味。问诊,是指医生通过与病人交流,了解病人疾病发生及演变过程、治病经历等情况。切诊,是指医生用手指按病人的动脉,根据脉象了解病人的身体情况。

成语人生

杜甫说:"人生不相见,动如参与商。"人生有时就像西方的参星和东方的商星一样,一颗出现了,另一颗却沉没了,总无法碰面,不免无奈伤感。

人生在世,能够与亲朋好友"共此灯烛光"的机会总是少之又少。相聚之时,不知珍惜,等到离别之后才知情重已经太晚。因此,我们与家人朋友在一起的时候,要互相宽容,彼此帮助,珍惜这来之不易的缘分。

形容客居异地的孤寂情景和对重逢的期盼。

巴山夜雨

探源 唐·李商隐《夜雨寄北》:"君问归期未有期,巴山夜雨涨秋池。何当共剪西窗烛,却话巴山夜雨时。"

字解 巴山:巴地的山。

例句 一个人远在他乡,看着窗外的梧桐细雨,想着家中的妻儿,我不禁有巴山夜雨的感觉。

易错点睛

注意"断鹤续凫"与"狗尾续貂"的区别。古代皇帝的侍从官员用貂尾装饰帽子,由于封官太多,一时貂尾不足,只好用狗尾代替。后来用"狗尾续貂"来比喻以次品接续在珍品之后,前后不相称,多用于指文艺作品的续作不如原来的好。而"断鹤续凫"侧重强调做事生搬硬套、违反规律。

比喻做事违反客观规律或事物的自然本性。

断鹤续凫(fú)

探源 《庄子·骈拇》:"长者不为有余,短者不为不足。是故凫胫虽短,续之则忧;鹤胫虽长,断之则悲。"

字解 断:截断。续:连属,连接。凫:野鸭。

例句 这么低的温度,你却把种子提前种到地里,这简直是断鹤续凫。

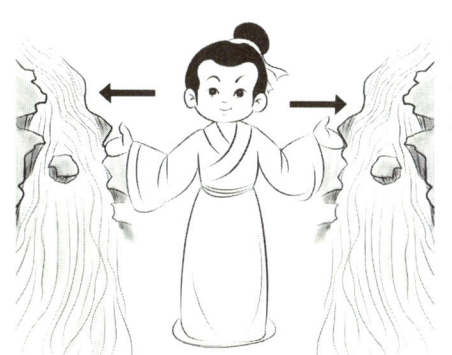

形容做事得心应手,处处顺利。后也形容为人处世圆滑,巧于应对。

左右逢源

探源 《孟子·离娄下》:"资之深,则取之左右逢其原。"(原:同"源")

字解 左右:泛指各方面。逢:遇到,遇见。源:水源。

例句 教师培训涉及学科技能、人文知识、才艺等。相信通过这样的培训,教师们必能在教育教学中左右逢源、触类旁通。

文化密码

"源"字在此处指"水源",古人读书强调博闻强记,常用源头活水来比喻丰富的知识储备。宋代大儒朱熹就曾在《观书有感》一诗中写下他的心得体会:"半亩方塘一鉴开,天光云影共徘徊。问渠哪得清如许,为有源头活水来。"人的大脑就像溪流,需要不断注入新知识,才能启发思维,拓展胸襟,达到新境界,让思想的"源头活水"长流常新。

比喻人永远地怀念故国、故乡。

狐死首丘

探源 《礼记·檀弓上》:"古之人有言曰:'狐死正丘首,仁也。'"

字解 狐:即狐狸。传说狐狸死时头必朝向其洞穴所在的山丘。

例句 狐死首丘,这话不假,在弥留之际的异乡人,心里想着念着的永远是故乡。

文化密码

我国自古有落叶归根的传统,客死异乡的游子都渴望魂归故里。如果无法将遗体运送回乡,则将墓葬朝向家乡,以慰其思乡之愿。身处台湾,远离大陆的国民党元老于右任就曾写下《望大陆》一诗,表达的同样是"狐死首丘"的思乡之情:"葬我于高山之上兮,望我故乡;故乡不可见兮,永不能忘。葬我于高山之上兮,望我大陆;大陆不可见兮,只有痛哭。"

10 成语游戏 缀玉连珠

第一组 将每组成语补充完整,并从每个成语中圈出一个字,使得挑选出的四个字组成新成语。

| 两袖清( ) | 妙笔生( ) | 雪泥( )爪 | 月明星( ) |

▶

| 一( )带水 | ( )公好龙 | ( )物致知 | 春华( )实 |

▶

| 青出于( ) | 望( )止渴 | ( )竹难书 | ( )( )马迹 |

▶

| 目瞪口( ) | 上善若( ) | ( )花接木 | 鸡鸣狗( ) |

▶

| 礼( )往来 | 见( )思齐 | 下里( )人 | 壮士断( ) |

▶

| 玉( )于成 | 火( )银花 | ( )渊羡鱼 | 空( )来风 |

▶

| 对牛( )( ) | ( )发冲冠 | 相形见( ) | ( )天同庆 |

▶

| 望洋兴( ) | 步步为( ) | ( )手旁观 | 饮( )止渴 |

▶

第二组

将每组成语补充完整,并从每个成语中圈出一个字,使得挑选出的四个字组成新成语。

如火如（ ）	（ ）鱼（ ）雁	相得益（ ）	车（ ）马龙
破镜重（ ）	雾里看（ ）	（ ）水难收	披星（ ）月
钟灵（ ）秀	（ ）外生枝	拾（ ）牙慧	管中窥（ ）
明日（ ）花	回眸一（ ）	皓首穷（ ）	唇亡齿（ ）
千（ ）难逢	南山（ ）（ ）	群山（ ）壑	行云流（ ）
南柯一（ ）	字正腔（ ）	泰山北（ ）	陈词（ ）（ ）
画（ ）充饥	（ ）虎藏龙	蜻蜓（ ）水	火眼金（ ）
温文尔（ ）	一见（ ）故	冷暖自（ ）	喜新（ ）旧

成语达人 运筹帷幄赵栋梁

闯关

第十一章
十步之内，必有芳草

释义： 比喻到处都有杰出的人才。

探源： 刘向《说苑·谈丛》："十步之泽，必有香草；十室之邑，必有忠士。"

· 第一关　牛刀小试 · 看图片，猜成语。（答案见229页）

1.　　　　　　2.

3.　　　　　　4.

· 第二关　登堂入室 · 看图片，猜成语。（答案见229页）

1.

2.

3.

4.

5.

128页　锦囊妙计

1. 比喻虚无缥缈的事物。
2. 比喻失败之后，重新恢复势力。
3. 比喻文章、议论不同凡响或事态发展出人意外。
4. 比喻强大的力量迅速而轻易地把衰败的事物扫除光。
5. 描写或模仿得非常逼真。

本页锦囊妙计在第156页下方。

• 第三关　炉火纯青 • 看图片，猜成语。（答案见229页）

1. ☐☐☐☐

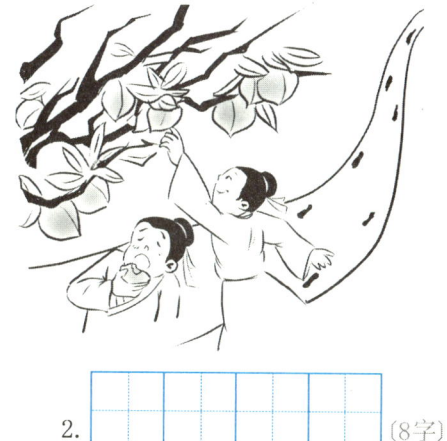

2. ☐☐☐☐ 〔8字〕

3. ☐☐☐☐

4. ☐☐☐☐

5. ☐☐☐☐

129页 锦囊妙计

1. 形容军队纪律严明，丝毫不侵犯老百姓的利益。
2. 比喻生杀的权掌握在别人手里，自己处在被宰割的地位。
3. 眼泪鼻涕一起流下。形容痛哭的样子。
4. 比喻平时没有突出的表现，一下子做出惊人的成绩。
5. 比喻从一件事情类推而知道其他许多事情。

本页锦囊妙计在第157页下方。

成语人生

李斯在《谏逐客书》中有句名言"泰山不让土壤,故能成其大;河海不择细流,故能就其深。"无论是学习,还是工作,知识和经验都是慢慢积累起来,绝非立竿见影,也不是一劳永逸。积累的过程是量变到质变的过程,经验在积累中沉淀,智慧在积累中升华。历史上卓有成就的人,无不是因不断积累而成功:字字血泪积累,曹雪芹写成名著《红楼梦》;笔笔功夫积累,王羲之书成名篇《兰亭集序》。

比喻积少成多,集小成大。

集腋成裘

探源 《慎子·知忠》:"故廊庙之材,盖非一木之枝也;粹白之裘,盖非一狐之皮也。"

字解 集:聚集。腋:指狐狸腋下的毛皮。裘:用毛皮制成的御寒衣服。

例句 做一件好事,可能不会立即增益于你的人格,然而,集腋成裘,就可以产生积极的影响。

易错点睛

"鹊"不能误写为"雀"。"鸠占鹊巢"的近义词是"占为己有"。两者都含有"把别人东西作为自己的"的意思。"鸠占鹊巢"所占对象一般是房屋、土地、妻室,而"占为己有"一词使用的范围很广,不论所占东西的类型。

原比喻女子出嫁住在夫家。后比喻强占别人的房屋、土地、位置等。

鸠占鹊巢

探源 《诗经·召南·鹊巢》:"维鹊有巢,维鸠居之。之子于归,百两御之。"

字解 鹊:喜鹊。鸠:斑鸠。占:占据。

例句 他离家多年,回来的时候发现房子和土地都被他人占为己有,他于是向政府举报这种鸠占鹊巢的行为。

微信扫一扫
视频更精彩

闭门羹

形容书法、绘画运笔刚劲有力。也形容诗文作品立意深刻。

力透纸背

探源 唐·颜真卿《张长史十二意笔法意记》："当其用锋，常欲使其透过纸背，此功成之极矣。"

字解 透：穿过。纸背：纸张背面。

例句 全先生画驴以水墨为主，一笔一式，有骨有肉，力透纸背。

文化密码

书法是我国汉字特有的一种美感艺术。静观书法，能养心怡情；品鉴书法，也是人生乐事。书法笔势高超玄妙、变化多姿的，我们赞其"落纸云烟"；书法骨力遒健、结构劲紧的，我们夸其"柳骨颜筋"；书法风格洒脱，笔势雄健的，我们誉为"笔走龙蛇"；笔法弯弯曲曲、拙劣不堪的，我们讥其"春蚓秋蛇"；胡乱写作，无法无度的，我们笑其"信笔涂鸦"。

遭人拒绝或因其他原因而不能进门。

闭门羹

探源 唐·冯贽《云仙杂记·迷香洞》："史凤，宣城妓也。待客以等差……下列不相见，以闭门羹待之。"

字解 羹：用肉或菜熬成的带汁的食物。

例句 他几次去拜访客户，都吃了闭门羹，但他没有放弃的念头。

成语故事

相传，唐代宣城有一名妓，名叫史凤。她有沉鱼落雁之貌，又兼能歌善舞之才，时人皆以一睹史凤芳颜为快。史凤孤芳冷艳，重才不重金，她将登门拜访的人以品貌才学划分开来。若是上等的客人，她则下楼接待；若是才庸貌俗之辈，则赏给他们一碗羹汤，以表婉拒。客人见史凤赏的羹汤，则心领神会，知趣离开。后来"吃闭门羹"就成了被主人拒之门外的委婉说法。

成语人生

古语云："积财千万，无过读书。"汉代学者刘向也说过："书犹药也，善读之可以医愚。"民族英雄郑成功也曾书联自勉，其中有言"至乐无如读书"。自古以来，许多人因为读书而有所成就，千古留名。读书的作用不胜枚举，只要静下心，翻开书本，与作者神交，与未来对话，你就会发现泛舟书海、纵马文山之后，人生会慢慢进入一个奇妙的境界——智慧、从容、优雅、快乐。

形容在极端困难的条件下刻苦读书。

囊萤映雪

探源 晋代车胤小时家贫，夏天以练囊装萤火虫照明读书；晋代孙康冬天常利用雪的反光读书。

字解 囊：袋子，此处引申为用袋子盛物。萤：萤火虫。映雪：利用雪的反光读书。

例句 我们要学习古人囊萤映雪的精神，克服环境因素的制约，把学习成绩搞上去。

易错点睛

"青"不可误写为"清"。"炉火纯青"的近义词是"出神入化"。两者都表示达到的境界很高。"出神入化"只能用来形容艺术或技艺高超绝妙，而"炉火纯青"除了用来形容艺术和技艺外，还可用来形容一个人的学问或品德方面。"出神入化"强调的是能够自由驾驭变化的境界，而"炉火纯青"则侧重说明纯熟完美的境界。

比喻学问、品德、技艺等达到纯熟完美的境界。

炉火纯青

探源 唐·孙思邈《四言诗》："洪炉烈火，洪焰翕赫；烟示及黔，焰不假碧。"

字解 炉：炼丹炉。纯：纯粹。道家炼丹，炉中的火焰由红色转成青色时，即为最佳的火候。

例句 从他握刀手法，就可知道他的雕刻技巧已达炉火纯青的地步。

文化密码

春秋战国时期，各诸侯国林立纷争，策士奔波游说，学术氛围相对宽松。为争霸主地位，各诸侯招贤纳士，为百家争鸣提供了舞台。这一时期是中华文明发展史上的关键阶段，各种学说相互争辩、相互批判，又互相学习、彼此吸收。其中，儒家思想影响了后世中国社会的政治思想和伦理道德；道家学说构成了后代道法自然、天人合一的哲学基础；法家思想则成为历代社会变革者的理论依据。

指各种学说派别竞相争辩鸣放。

百家争鸣

探源 《汉书·艺文志》："凡诸子百八九十家……蜂出并作，各引一端，崇其所善，以此驰说，取合诸侯。"

字解 百家：指我国战国时期的各种学术流派。

例句 没有百家争鸣，就没有艺术和学术的繁荣和发展。

成语故事

战国末年，秦国席卷天下，将要吞并六国。荆轲受燕太子丹之托入秦刺杀秦始皇。为了能接近秦王，他假装把燕国督亢的地图献给秦国。行刺秦王的匕首就藏在这地图的里面。荆轲慢慢展开地图，露出锋利的匕首，他抓起匕首刺向秦王。秦王拔剑自卫，荆轲行刺失败，反被拥上来的卫兵杀死。"风萧萧兮易水寒，壮士一去兮不复还"，刺客荆轲的故事成为千古史话。

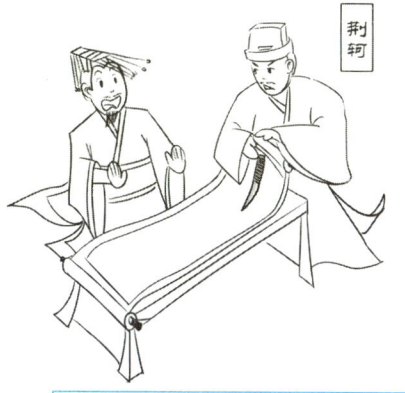

比喻事情发展到了最后，终于露出真相或本意。

图穷匕见 xiàn

探源 《战国策·燕策三》："秦王谓轲曰：'起，取武阳所持图。'轲既取图奉之。发图，图穷而匕首见。"

字解 图：地图。穷：尽。匕：即匕首，短剑。

例句 他欺骗群众的伎俩，已图穷匕见，只要我们联合起来就一定能击破他的谎言。

文化密码

"白龙鱼服"的历史相当悠久,《韩非子·外储说右下》就有"齐桓公微服以巡民家"的记载。相传,一代清官"包青天"也经常微服出巡,侦查案情。清朝时的康熙皇帝,也曾六次南巡,出游各省,体察民情,开创了康乾盛世的繁荣局面。

当代社会,领导也需要深入基层,了解政策是否偏颇、腐败是否根治、民生是否困顿。下情上达才可使人民安康,国家富强。

比喻贵人出行时改换服装,隐瞒真实身份。

白龙鱼服

探源 汉·刘向《说苑·正谏》:"昔日龙下清冷之渊,化为鱼,渔者豫且射中其目。"(有一白龙下到清冷之渊,化为鱼,渔人豫且射中了它的眼睛。)

字解 鱼服:穿起鱼的外衣。

例句 上层领导想要体察民意,白龙鱼服不可或缺。

易错点睛

"儆"不能写为"敬"。"杀一儆百"的近义词是"杀鸡儆猴"。两者都含有"惩罚一人,警戒其他人"的意思。但是"杀一儆百"所警戒的必须是很多人,而"杀鸡儆猴"所警戒的可以是一个人,也可以是很多人。

杀一个人,借以警戒许多人。也泛指惩处或批评一人以警戒众人。

杀一儆(jǐng)百

探源 《汉书·尹翁归传》:"其有所取也,以一警百,吏民皆服,恐惧改行自新。"

字解 儆:使人警觉,警戒。

例句 法院对这起医疗事故的判定对非法敛财的不良医院具有"杀一儆百"的警示意义。

微信扫一扫
视频更精彩

十年树木,百年树人

只要打开书本读书就会有益处。

开卷有益

探源 宋·王辟之《渑水燕谈录·文儒》："太宗（宋太宗）日阅《御览》三卷，因事有阙，暇日追补之，尝曰：'开卷有益，朕不以为劳也。'"

例句 想要提高写作水平，就需要把读书当作一种精神追求，遵循开卷有益的理念并养成博览群书的习惯。

文化密码

为什么"卷"可指代书？我国纸质书籍的装帧经历了几个阶段。六朝到唐五代时期，卷轴装是流行的书籍装帧形式。所谓"卷轴装"，就是将纸张按规格裱接后，使两端粘接于圆木或其他棒材轴上，卷成束的装帧方式。大约在唐代后期，出现了经折装。明朝中叶出现了线装书，此种方式沿用至清末民国。我们今天流行的则是胶装书。

比喻荒诞无稽、不足凭信的言论或只是凭空想象而不能实现的事情。

天方夜谭

探源 《天方夜谭》是书名，又名《一千零一夜》，为阿拉伯古代民间故事集，内容广泛，想象丰富，多古怪离奇、惊险巧合的情节。

字解 天方：我国古代称中东阿拉伯地区。谭：通"谈"。

例句 虽说你见多识广，可要说鸡蛋能治心脏病，毕竟有点天方夜谭。

成语故事

传说在古阿拉伯海岛上有个国王叫山努亚。他因王后行为不端，将其杀死。从此国王每天娶一个妻子，第二天就将她杀掉。宰相的女儿山鲁佐德为拯救国中的女子，自愿嫁给国王。她每晚给国王讲故事，只讲开头和中间，把结尾留到第二天。国王为了听故事的结尾，一直没有杀她。就这样，山鲁佐德整整给国王讲了一千零一夜的故事，终于感动了残暴的国王，并与他白首偕老。

品读

文化密码

常言道："巾帼不让须眉"，即使在传统的男权社会之中，也不乏史册留名的女英雄。花木兰代父从军，其孝心和爱国之心为人传颂，她的故事谱就一曲悲壮的英雄史诗。杨门女将佘太君百岁挂帅，孙媳穆桂英征战保国，屡建战功，她们的故事都搬上戏台，至今传扬。近代民主革命志士秋瑾一身正气，用鲜血唤醒民众，从容就义，正如她的诗句所说"休言女子非英物，夜夜龙泉壁上鸣"。

指女性中的英雄。

巾帼英雄

探源 清·湘灵子《轩亭冤·赏花》："新世界，旧乾坤，巾帼英雄叫九阍。"

字解 巾帼：古时女子的头巾和发饰，借指女子。

例句 争夺第三、四名的角逐中，女将诸宸再显巾帼英雄本色，以3:1战胜了梁充。

易错点睛

"貉"念"hé"，不念"luò"。"一丘之貉"意思是同一座山丘里的貉。原比喻同属一类，没有差别。后来则用于贬义，比喻都是一样的坏人。同义词为"一路货色"，指同一类人或某一类人，也多用于贬义。

多用于贬义，比喻都是一样的坏人。

一丘之貉 hé

探源 《汉书·杨恽传》："若秦时但任小臣，诛杀忠良，竟以灭亡，令亲任大臣，即至今耳，古与今如一丘之貉。"

字解 丘：山丘。貉：一种类似狐狸的动物。

例句 李义虎指出"台独"分裂主义和恐怖主义是一丘之貉，不得人心，注定要失败。

微信扫一扫 视频更精彩

司空见惯

呕心沥血

子规

传说杜鹃昼夜啼叫,啼出血来才停止。常形容哀痛到了极点。

杜鹃啼血

探源 唐·白居易《琵琶行》:"其间旦暮闻何物?杜鹃啼血猿哀鸣。"
字解 杜鹃:一种鸟,也叫子规、布谷、杜宇。
例句 那一句句嘱托,一声声呼唤,似杜鹃啼血,声声催人泪下。

文化密码

杜鹃鸟的叫声凄绝哀怨,令愁肠百结的人闻之流泪。自唐代以来,杜鹃逐渐进入文人骚客的诗文,成为一种可怜、哀婉、纯洁、悲愁的意象。如李白在《蜀道难》中写道:"又闻子规啼夜月,愁空山。"李商隐在《锦瑟》中写道:"庄生晓梦迷蝴蝶,望帝春心托杜鹃。"秦观在《踏莎行》中写道:"可堪孤馆闭春寒,杜鹃声里斜阳暮。"毫无疑问,杜鹃已经成为历代诗人心中的"冤禽"。

张顺

比喻某些游泳者的游泳本领很好。

浪里白条

探源 《水浒传》中张顺的水性极好,所以外号叫"浪里白条"。后来"浪里白条"就用来指游泳水平很高的人。
字解 浪:波浪。白条:一种鱼。
例句 他游姿翩翩,有时穿过巨浪,似浪里白条,逐浪穿梭起伏,自由自在,真是海阔天空任遨游了。

文化密码

与体育运动相关的成语很多。射击运动员技术精湛,我们称其"百步穿杨";举重运动员举起沉重的杠铃,我们称其"拔山扛鼎";长跑运动员一路领先,我们称其"健步如飞";帆船运动员扬帆前进,我们称其"乘风破浪";跳水运动员体态矫健、波澜不惊,我们称其"蜻蜓点水";击剑运动员利剑出鞘,我们称其"剑拔弩张"。

11 成语游戏 诗意盎然

第一组　选择合适的成语还原到下列诗词名句之中。

红袖添香　巴山夜雨　响遏行云　天长地久　折戟沉沙　万紫千红

1.（　）（　）（　）（　）铁未销，自将磨洗认前朝。	唐•杜牧《赤壁》
2. 君问归期未有期，（　）（　）（　）（　）涨秋池。	唐•李商隐《夜雨寄北》
3. 绿衣捧砚催题卷，（　）（　）（　）（　）伴读书。	清•席佩兰《寿简斋先生》
4.（　）（　）（　）（　）横碧落，清和冷月到帘栊。	唐•赵嘏《闻笛》
5.（　）（　）（　）（　）有时尽，此恨绵绵无绝期。	唐•白居易《长恨歌》
6. 等闲识得东风面，（　）（　）（　）（　）总是春。	宋•朱熹《春日》

第二组　选择合适的成语还原到下列诗词名句之中。

春风得意　曾经沧海　秋月春风　一掷千金　千呼万唤　粉身碎骨

1. 今年欢笑复明年，（　）（　）（　）（　）等闲度。	唐•白居易《琵琶行》
2.（　）（　）（　）（　）始出来，犹抱琵琶半遮面。	唐•白居易《琵琶行》
3.（　）（　）（　）（　）难为水，除却巫山不是云。	唐•元稹《离思》
4.（　）（　）（　）（　）马蹄疾，一日看尽长安花。	唐•孟郊《登科后》
5.（　）（　）（　）（　）浑是胆，家无四壁不知贫。	唐•吴象之《少年行》
6.（　）（　）（　）（　）浑不怕，要留清白在人间。	明•于谦《石灰吟》

第三组 选择合适的成语还原到下列诗词名句之中。

不拘一格　心有灵犀　别有天地　柳暗花明　老骥伏枥　怒发冲冠

1.（　）（　）（　）（　），志在千里；烈士暮年，壮心不已。	三国·曹操《龟虽寿》
2. 身无彩凤双飞翼，（　）（　）（　）（　）一点通。	唐·李商隐《无题》
3. 我劝天公重抖擞，（　）（　）（　）（　）降人才。	清·龚自珍《己亥杂诗》
4. 山重水复疑无路，（　）（　）（　）（　）又一村。	宋·陆游《游山西村》
5. 桃花流水窅然去，（　）（　）（　）（　）非人间。	唐·李白《山中问答》
6.（　）（　）（　）（　），凭栏处，潇潇雨歇。	宋·岳飞《满江红》

第四组 选择合适的成语还原到下列诗词名句之中。

悲欢离合　曲径通幽　山回路转　无可奈何　奴颜婢膝　人面桃花

1.（　）（　）（　）（　）真乞丐，反以正直为狂痴。	唐·陆龟蒙《江湖散人歌》
2.（　）（　）（　）（　）花落去，似曾相识燕归来。	宋·晏殊《浣溪沙》
3. 去年今日此门中，（　）（　）（　）（　）相映红。	唐·崔护《题都城南庄》
4.（　）（　）（　）（　）处，禅房花木深。	唐·常建《题破山寺后禅院》
5. 人有（　）（　）（　）（　），月有阴晴圆缺，此事古难全。	宋·苏轼《水调歌头》
6.（　）（　）（　）（　）不见君，雪上空留马行处。	唐·岑参《白雪歌送武判官归京》

成语达人 唐装美女宋瑞瑞

《闯关

第十二章
他山之石，可以攻玉

释义： 他山的石头可以用来磨制玉器，比喻别国的贤人可以用来辅佐本国的朝政。现在也可指别人的先进技术和经验可供借鉴。

探源：《诗经·小雅·鹤鸣》："他山之石，可以攻玉。"

● 第一关　牛刀小试 ●　看图片，猜成语。（答案见229页）

1.

2.

3.

4.

第二关　登堂入室

看图片，猜成语。（答案见229页）

1.

2.

3.

4. _____ （7字）

142页 锦囊妙计

1. 天的边际，海的角落。指极遥远偏僻的地方。
2. 比喻故地重游时睹物思人的感慨。
3. 爱情要像山和海一样永恒不变。
4. 比喻为某种事物的出现制造声势、开辟道路。
5. 大海变成农田，农田变成大海。比喻世事变化很大。

5.  （8字）

本页锦囊妙计在第168页下方。

• 第三关　炉火纯青　看图片，猜成语。（答案见229页）

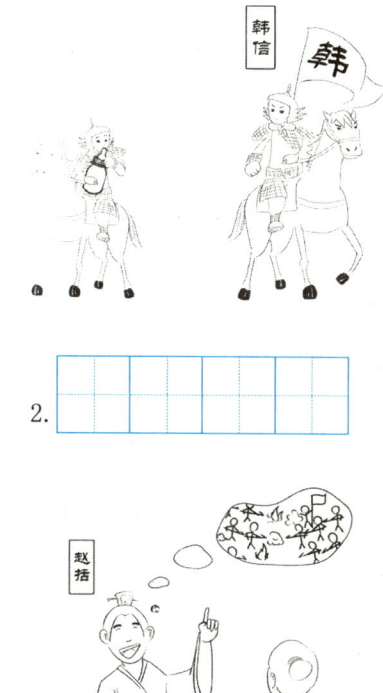

1. ☐☐☐☐

2. ☐☐☐☐

3. ☐☐☐☐

4. ☐☐☐☐

5. ☐☐☐☐☐☐☐☐（8字）

143页 锦囊妙计

1. 誓言说得真实可信。
2. 比喻为人诚挚，自然会受到人们的尊敬，产生极大的感召力。
3. 形容宴饮已毕或将毕时的情景。
4. 原形容马跑得很快。后比喻进展极快。
5. 捆起来以后放在高高的架子上。比喻放着不用。

本页锦囊妙计在第169页下方。

1 腰缠万贯	2 冠冕堂皇	3 荒淫无耻	4 痴心妄想	5 想入非非	6 飞短流长
12 义正词严	11 一心一意	10 九九归一	9 天长地久	8 日月经天	7 长绳系日
13 言不由衷	14 中西合璧	15 匕鬯不惊	16 惊天动地	17 地广人稀	18 稀奇古怪
24 卷帙浩繁	23 手不释卷	22 衣冠禽兽	21 百里挑一	20 骄兵必败	19 拐弯抹角
25 幡然醒悟	26 五光十色	27 色厉内荏	28 任劳任怨	29 源远流长	30 长久之计

32 道路以目

探源 出自《国语·周语上》："国人莫敢言，道路以目。"意思是，人民都不敢说话，在路上遇到了只用眼睛示意。形容人民对残暴统治的憎恨和恐惧。

例句 如果一个国家的人民噤若寒蝉，公众道路以目，这无疑是政治文明的退步。

37 彬彬有礼

探源 《论语·雍也》："质胜文则野，文胜质则史，文质彬彬，然后君子。"

字解 彬彬：原意为既文雅又朴实，后形容文雅有礼貌。

例句 他在客人面前总是和颜悦色，彬彬有礼，不卑不亢。

成语故事

周厉王治政残暴，民怨沸腾。大臣邵公对周厉王说："百姓已经无法忍受大王的政令！"周厉王愤怒万分，派人去卫国请来巫师，让他们在首都镐京的大街小巷偷听人们谈话，发现批评朝政和辱骂厉王的，就将其下狱处决。后来百姓人人自危，亲朋好友在路上相遇也不敢交谈，只能用眼睛相互示意。邵公劝说厉王："防民之口，甚于防川"，但他不为所动。后百姓袭击厉王，他被流放到一个叫彘的地方。

成语人生

"彬彬"的意思是配合适当，那究竟人要使什么配合适当才能成为守礼的君子呢？孔子在《论语》中说"文质彬彬，然后君子"。他认为人没有文化，就会像原始人一样粗野朴实，过于强调文化熏陶又容易失去人类原本朴素的本质，只有文化的积累与人类的本质协调适当，才能算是风度翩翩的君子。我们在日常生活中，行为举止一定要适当得体，如此日积月累，自然会变得"彬彬有礼"。

31	32	33	34	35	36
鸡鸣狗盗	道路以目	目不转睛	精益求精	经久不衰	率土之滨
42	41	40	39	38	37
七嘴八舌	向隅而泣	晕头转向	壮志凌云	理直气壮	彬彬有礼
43	44	45	46	47	48
舍生取义	义薄云天	添砖加瓦	瓦釜雷鸣	明争暗斗	斗折蛇行
54	53	52	51	50	49
间不容发	明枪暗箭	赫赫有名	锦绣山河	惜字如金	惺惺相惜
55	56	57	58	59	60
法不责众	忠心耿耿	耿耿于怀	怀才不遇	遇人不淑	殊途同归

43 舍生取义

探源 《孟子·告子上》："生，亦我所欲也；义，亦我所欲也。二者不可得兼，舍生而取义者也。"

字解 舍：舍弃。生：生命。取：选取，选择。义：指正义或道德规范。

例句 舍生取义的精神品质被一代又一代的志士仁人所传承发扬。

59 遇人不淑

探源 《诗经·王风·中谷有蓷》："有女仳离，条其啸矣。条其啸矣，遇人之不淑矣。"

字解 遇：相逢，遇到。淑：善，美。

例句 为了避免遇人不淑，为了一生的婚姻与家庭幸福，她在选择对象时考虑了很多因素。

文化密码

孟子继承并发扬孔子"仁"的思想，在此基础上又特别看重"义"，建立并完善了儒家"仁义"的思想体系。那何谓仁？何谓义？孟子曰："恻隐之心，仁也；羞恶之心，义也。"又曰："仁，人之安宅也；义，人之正路也。"可见，"仁"是完美人格内在的要求，偏重于内心的思想；"义"是完美人格外在的表现，偏重于行为的规范。

易错点睛

"遇人不淑"一词出自《诗经》，原指女子嫁了一个品行不好的丈夫，不能理解为男子遇到的女子不是淑女。值得说明的是，在有些成语词典的中，"遇人不淑"还可指交友不慎，结交了不正派的人。这种用法在报纸杂志中经常出现，但大多数成语词典并未采纳，应谨慎使用。

#	成语	#	成语	#	成语
1	涣然冰释	2	世态炎凉	3	梁上君子
4	紫气东来	5	来龙去脉	6	卖国求荣
7	容光焕发	8	法不容情	9	青天白日
10	日日夜夜	11	夜以继日	12	日夜兼程
13	成人之美	14	美轮美奂	15	患得患失
16	拾金不昧	17	美不胜收	18	首当其冲
19	充耳不闻	20	文过饰非	21	飞黄腾达
22	打家劫舍	23	舍我其谁	24	水天一色
25	色彩缤纷	26	纷至沓来	27	来日方长
28	长歌当哭	29	哭笑不得	30	得不偿失

05 来龙去脉

探源 山脉蜿蜒曲折，走势高低起伏，宛若盘踞于大地上的龙，所以山脉就被称为龙。"来龙去脉"原指山脉的走势和去向，现常用来比喻一件事的前因后果。

例句 19世纪，有一个德国人决心要弄清藏书的来龙去脉，专程来到莫斯科查询资料。

文化密码

风水学中，山脉统称为龙，寻求风水宝地，叫作寻龙。能够寻找到龙穴或龙脉这些风水宝地被认为能够给人带来名利官运。龙在我国历代都是皇权的象征，代表着至高无上的权力。因此每个王朝都想找到决定其兴亡盛衰的龙脉。当然，这些都缺乏科学依据，但关于龙的传说丰富了人类对自然和人生的想象，饱含神奇色彩。

13 成人之美

探源 《论语·颜渊》："君子成人之美，不成人之恶。小人反是。"

字解 成：成全。美：指好事。成人之美的意思是成全别人的好事。

例句 成人之美是一种高尚的品德。它需要有宽广的心胸，助人为乐的精神。对于患得患失的人来说，是很难做到的。

成语人生

要具备宽广的胸襟和与人为善的心态，才能拥有成人之美的品格。与人相处中，如果能时时为他人着想，帮助他们实现美好的愿望，不仅可以收获一份推心置腹、相濡以沫的友谊，更可以减少人际交往中不必要的纠纷和误解。成人之美，当然并不是要你一定成为救世的英雄，而是希望你拥有健康乐观的心态，正所谓"各美其美，美人之美，美美与共，天下大同"。

31	矢志不渝
32	愚公移山
33	闪烁其词
34	词不达意
35	意气用事
36	世风日下
37	下车伊始
38	师直为壮
39	装模作样
40	羊入虎口
41	口是心非
42	飞蛾扑火
43	活灵活现
44	显而易见
45	见利忘义
46	义不容辞
47	慈眉善目
48	目不识丁
49	顶天立地
50	低三下四
51	驷马难追
52	追悔莫及
53	鸡犬不宁
54	宁死不屈
55	趋权附势
56	誓死不渝
57	鱼肉百姓
58	星罗棋布
59	不识时务
60	无名之师

37 下车伊始

探源 《礼记·乐记》："武王克殷，反商，未及下车而封黄帝之后于蓟……下车而封夏后氏之后于杞。"

字解 下车：指新官到任。伊：助词，没有实际含义。始：开始。

例句 下车伊始，书记就驱车考察了刚建成不久的蓄水池。

60 无名之师

探源 《后汉书·袁绍传》："今弃万安之术，而兴无名之师，窃为公惧之。"

字解 师：军旅，军队。

例句 打着人道主义的口号而干涉其他国家内政的军队无疑是无名之师。

成语故事

商朝末年，纣王暴虐无道，民怨载道，周武王姬发率兵，会合诸侯进攻商朝的首都朝歌，灭了商朝。周武王进城后还没有下车就下令将黄帝的后代分封在蓟地，将尧帝的后代分封在祝地，将舜帝的后代分封在陈地；下车后又下令将夏禹的后代分封在杞地。周武王替天行道，新到朝歌，迫不及待地施行仁政，从此马放南山，天下太平。后人用"下车伊始"来表示新官刚上任。

易错点睛

用兵的第一原则是要兴仁义之师，不可穷兵黩武，而要为正义而战。名，此处指名义，即名声与道义。无名之师，是指没有正当理由出征的军队，不可望文生义，理解为"没有名气的老师"。

与"无名之师"相对的成语是"师出有名"，指出兵有正当的名义，后泛指做事有正当的理由。

1. 习以为常
2. 长治久安
3. 按兵不动
4. 东西南北
5. 悲从中来
6. 赖以生存
7. 寸草春晖
8. 挥之不去
9. 曲高和寡
10. 寡不敌众
11. 众口铄金
12. 今非昔比
13. 毕恭毕敬
14. 镜花水月
15. 约定俗成
16. 逞强好胜
17. 生不逢时
18. 始料不及
19. 鸡犬不留
20. 流连忘返
21. 翻来覆去
22. 取之不尽
23. 金玉良言
24. 言不及义
25. 一语中的
26. 地大物博
27. 波澜不惊
28. 惊世骇俗
29. 素昧平生
30. 生灵涂炭

23 金玉良言

探源 元·王实甫《西厢记》第四本第三折:"小姐金玉之言,小生一一铭之肺腑。"

字解 金玉:黄金和美玉。金玉良言比喻可贵而有价值的劝告。

例句 这位学术前辈的金玉良言,应该成为当代学人用以自省的座右铭。

48 谈笑风生

探源 宋·辛弃疾《念奴娇·赠夏成玉》词:"遐想后日蛾眉,两山横黛,谈笑风生颊。"

字解 风:风趣。生:产生。

例句 老人思维敏捷,谈笑风生,与她交谈,就像是上了一堂生动的课,令人难以忘怀。

文化密码

在中国人眼中,金是富贵的象征,玉是君子的标志,都被认为是吉祥、避邪的贵重之物,不仅象征着权力和财富,更被赋予各种文化内涵。孟子用"金声玉振"来赞扬孔子,认为他才德兼备,集众音之大成。旧时把地位尊贵的人说的话称为"金口玉言"。形容门第高贵、非常富有则说是"金门玉户"。夸奖同一门的兄弟才德俱佳,则说是"金友玉昆"。祝福美好幸福的婚姻,则说"金玉良缘"。

易错点睛

"生"的意思是"产生",不能写作"声"。另要注意辨析"谈笑风生"和"谈笑自如"两词。两者都表示谈话时有说有笑,但前者表示谈话时有说有笑,兴致颇高,富含风趣,场面热烈,强调的是谈话时的气氛,而后者偏重"自若"两字,表示在异常的情况下,有说有笑,同平常一样,强调的是谈话者镇定、不慌张的状态。

31 叹为观止	32 止于至善	33 山盟海誓	34 誓死不渝	35 余勇可贾	36 古道热肠
42 经天纬地	41 宠辱不惊	40 哗众取宠	39 梦笔生花	38 吴下阿蒙	37 长袖善舞
43 低声下气	44 气味相投	45 投瓜报玉	46 玉关人老	47 老生常谈	48 谈笑风生
54 同生共死	53 和而不同	52 纵横捭阖	51 来去无踪	50 死去活来	49 生老病死
55 死无所名	56 名震一时	57 时不可逢	58 逢人说项	59 香气扑鼻	60 比翼双飞

52 纵横捭阖 bǎi hé

字解 纵：合纵，指六国联合抗秦的策略。横：连横，指秦国分化六国的策略。捭阖：开合，战国时策士游说的一种方法。"纵横捭阖"指在政治和外交上运用手段进行分化或拉拢。

例句 各国领导人为这一人选展开了一场纵横捭阖的外交博弈。

58 逢人说项

探源 唐代杨敬之爱才公正，曾作诗赠给诗人项斯，诗曰："处处见诗诗总好，及观标格过于诗。平生不解藏人善，到处逢人说项斯。"后用"逢人说项"泛指到处说某人或某事的好处。

字解 逢：遇到。项：指唐朝诗人项斯。

例句 他总是在别人面前夸我是奇才，颇有点逢人说项的味道。

成语故事

　　战国末期，七国争霸，秦国独大，从事政治外交活动为主的纵横家应时而生。以苏秦为代表的合纵派向六国提出"合众弱以攻一强"的策略，即韩、赵、魏、齐、楚、燕这六国南北联合起来抗秦；以张仪为代表的连横派则向秦国提出"事一强以攻众弱"的策略，即处在西方的秦国向东拉拢一些国家，共同进攻其他弱国，从而达到兼并和扩张土地的目的。后秦国吞并东方六国，七国争雄的局面结束。

成语人生

　　俗话说："美言一句三冬暖，恶语伤人六月寒。"每个人都希望他人能肯定自己的优点和长处，因此听到赞美的话都十分高兴。到处宣扬并赞美他人当然是好事，但赞美应该是发自内心的真诚欣赏，而非流于形式的溜须拍马，为赞美而赞美，只会让人觉得虚伪矫情。可见，赞美是一门人际交往的艺术，应用得当能增进情谊，把握不好赞美的分寸和尺度，只会适得其反。

12 成语游戏 雕玉双联

第一组 对联是我国传统文化中的瑰宝,它的特点是:上下两联字数相等,结构相同,相对应字的词性相同。请把下面的成语补充完整,使两个成语组成一副对联。

守株待兔	缘（ ）求（ ）	南征北战	东（ ）西（ ）
望梅止渴	画（ ）充（ ）	茂林修竹	崇（ ）峻（ ）
卸磨杀驴	过河（ ）（ ）	愚公移山	（ ）（ ）填海
绳锯木断	水（ ）（ ）（ ）	趁火打劫	浑水（ ）（ ）
沉鱼落雁	（ ）（ ）（ ）花	承前启后	继（ ）（ ）（ ）
引狼入室	调（ ）（ ）（ ）	水落石出	（ ）（ ）七（ ）
狗仗人势	（ ）假（ ）威	按图索骥	顺（ ）（ ）（ ）
偷梁换柱	移（ ）接（ ）	四分五裂	七（ ）八（ ）
山清水秀	花（ ）月（ ）	节衣缩食	省（ ）（ ）（ ）
赫赫有名	（ ）（ ）无（ ）	趾高气扬	眉（ ）（ ）（ ）
流芳百世	（ ）（ ）万（ ）	小题大做	大（ ）小（ ）
雪中送炭	锦（ ）（ ）（ ）	弃暗投明	改（ ）（ ）正
夙兴夜寐	早（ ）（ ）（ ）	刀山火海	枪（ ）（ ）雨

第二组　请把下面对联中的成语补充完整。

国泰民安逢盛世 （　）（　）（　）（　）颂华年	春联
欢天喜地度佳节 （　）（　）（　）（　）迎新春	春联
五湖四海皆春色 万水（　）（　）尽得辉	春联
春风（　）（　）山山翠 国策归心处处春	春联
两袖（　）（　），造福大众 一身正气，振兴中华	春联
万紫（　）（　），九州两岸思一统 五光十色，四（　）（　）（　）贺三春	春联
桃红柳绿，燕（　）莺（　），爆竹烟花迎盛世 海（　）河（　），年丰人寿，欢歌曼舞庆新春	春联

第三组　请把下面对联中的成语补充完整。

有志者，事竟成，破釜沉舟，百二秦关终属楚 苦心人，天不负，（　）（　）（　）（　），三千越甲可吞吴	清·蒲松龄撰。
大义参天，（　）（　）达旦 精忠（　）（　），怒发（　）（　）	湖北省仙桃关岳庙楹联。
刚日读经，柔日读史 十年（　）（　），百年（　）（　）	清·孙锵鸣撰。
众志（　）（　），众擎易举 百花（　）（　），百家（　）（　）	郭沫若题北京琉璃厂文化街。
熟视（　）（　），诸君尽管贪污作弊 有口（　）（　），我辈何须民主自由	1945年，某聋哑学校悬此春联。上联代盲人抒愤，下联替聋哑叫苦。
异代不同时，问如此江山，龙腾（　）（　）几诗客 先生亦流寓，有长留天地，（　）（　）风清一草堂	成都杜甫草堂楹联。
清（　）明（　）本无价 近水遥山皆有情	苏州沧浪亭楹联。

成语达人 旷世英雄熊汝疆

闯关

第十三章
流水不腐，户枢不蠹

释义：常流的水不会发臭，经常转动的门轴不易被虫蛀。比喻经常运动的事物不容易受到外物的侵蚀。

探源：《吕氏春秋·尽数》："流水不腐，户枢不蠹，动也。"

· **第一关　牛刀小试** ·　看图片，猜成语。（答案见231页）

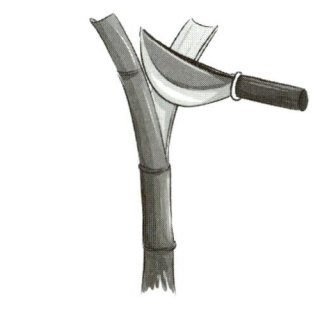

1.

2.

3.

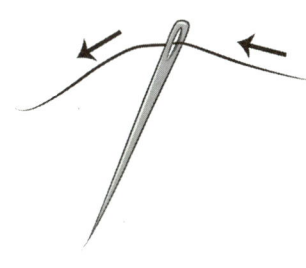

4.

· **第二关　登堂入室** · 看图片，猜成语。（答案见231页）

1. ☐☐☐☐

2. ☐☐☐☐

3. ☐☐☐☐

4. ☐☐☐☐

5. ☐☐☐☐

156页 锦囊妙计

1. 比喻一个人或一个集体在无人支援、帮助的情况下努力从事某项工作。
2. 比喻弱的被强的吞并。
3. 比喻置身事外，既不过问，也不协助别人。
4. 比喻为人清高，有骨气，不为利禄所动。
5. 比喻平凡的人哪里知道英雄人物的志向。

本页锦囊妙计在第180页下方。

· 第三关　炉火纯青 ·　看图片，猜成语。（答案见231页）

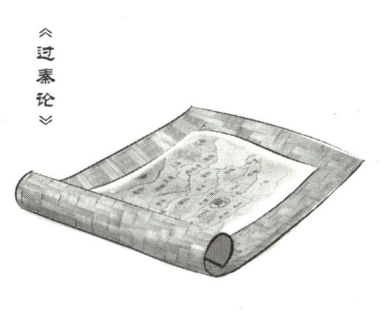

1.

2.

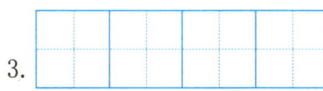

3.

4.

5.

157页　锦囊妙计

1. 比喻坚强的、起支柱作用的人物或集体。
2. 形容人年幼无知。多含讥讽意。
3. 出自《庄子·逍遥游》。比喻前程远大。
4. 比喻空谈理论，不能解决实际问题。
5. 表面上用某一行动迷惑对方，但在暗中采取另一种行动达到目的。

本页锦囊妙计在第181页下方。

1 天衣无缝	2 风雨交加	3 嫁祸于人	4 仁人志士	5 豕突狼奔	6 笨头笨脑
12 方枘圆凿	11 兰桂齐芳	10 青出于蓝	9 头重脚轻	8 晶莹剔透	7 闹中取静
13 早出晚归	14 诡计多端	15 短小精悍	16 汗如雨下	17 夏雨雨人	18 人自为战
24 困兽犹斗	23 扶危济困	22 认贼作父	21 息事宁人	20 生生不息	19 战无不胜
25 抖擞精神	26 沈腰潘鬓	27 宾客盈门	28 门可罗雀	29 却之不恭	30 攻城略地

17 夏雨雨(yǔ)人

探源 汉·刘向《说苑·贵德》："吾不能以春风风人，吾不能以夏雨雨人，吾穷必矣。"

字解 前一个"雨"：雨水。后一个"雨"：下雨。"夏雨雨人"的意思是有如夏天的雨落在人身上。比喻及时给人教益和帮助。

例句 段校长春风风人，夏雨雨人，用自己的大爱呵护着每一位学生。

34 兼善天下

探源 《孟子·尽心上》："穷则独善其身，达则兼善天下。"

字解 兼善：使大家都有好处。"兼善天下"即使天下人都得到好处。

例句 近年来经济舞台上涌出的新人，都有一种兼善天下的胸怀。

文化密码

在灌溉技术很不发达的古代，及时的雨水无疑是五谷丰登的重要保证，因此，"雨"可用来比喻帮助和教育。《孟子·梁惠王章句下》："如时雨降。民大悦。"是用"雨"比喻商汤的及时帮助。《孟子·尽心上》："有如时雨化之者。"是用"雨"比喻良好的熏陶和教育。

"夏雨雨人"常与"春风风人"连用作"春风风人，夏雨雨人"。

成语人生

儒家思想具有一种积极的入世精神。《大学》中有："身修而后家齐，家齐而后国治，国治而后天下平。"可见治国平天下是儒家追求的政治理想，但在理想的追求过程中，能够如愿的人少，失意的人却多，因此孟子又提出"穷则独善其身，达则兼善天下"的处世方法。林则徐有句名联"苟利国家生死以，岂因祸福避趋之"，可以说是其兼善天下的座右铭。

31 抵足而眠	32 绵里藏针	33 真知灼见	34 兼善天下	35 虾兵蟹将	36 江天一色
42 数典忘祖	41 城狐社鼠	40 掠地攻城	39 雄才大略	38 决一雌雄	37 色艺双绝
43 足不出户	44 狐假虎威	45 唯唯诺诺	46 诺诺连声	47 生儿育女	48 女织男耕
54 马放南山	53 江州司马	52 损兵折将	51 孝子贤孙	50 行之有效	49 更名改姓
55 善男信女	56 女娲补天	57 恬不知耻	58 痴人说梦	59 孟母三迁	60 浅尝辄止

54 马放南山

探源 《尚书·武成》："乃偃武修文，归马于华山之阳，放牛于桃林之野，示天下弗服。"

字解 马，战马。"马放南山"的意思是天下太平，不再打仗。

例句 退休后，甘老师并没有马放南山，刀枪入库，而是对自己的理念不断进行反思，写出了很多教育论著。

60 浅尝辄止

探源 清·梁章钜《退庵随笔·学字》："凡临古人书，须平心耐性为之，久久自有功效。不可浅尝辄止，见异思迁。"

字解 浅：肤浅，不深入。尝：尝试。辄：立即，就。

例句 学习时一定要深入思考，绝不可浅尝辄止。

文化密码

马是古代战争中的重要工具，因此很多含"马"的成语都和战争相关。如用"厉兵秣马"比喻战争前的准备，用"兵荒马乱"形容战争时混乱景象，用"人强马壮"比喻军队战斗力强，用"戎马倥偬"形容军务繁忙，用"马革裹尸"指代牺牲战场，用"汗马功劳"比喻立下战功。

老子说："天下有道，却走马以粪。"让战马去运肥播种，与"马放南山"有相同表达的效果。

成语人生

做什么事都必须要有钻研的精神，所谓"只要功夫深，铁杵磨成针"。思想和观念是探索中产生的，方法和途径也在钻研中寻到。如果做什么事情，都抱着三心二意的态度，不去深入探寻，便无法体悟其中的乐趣，也不能在这一领域做出成绩。

1	2	3	4	5	6
心惊胆战	战无不胜	生生不息	喜上眉梢	少安毋躁	凿壁借光
12	11	10	9	8	7
诺诺连声	一呼百诺	三心二意	接二连三	大千世界	光明正大
13	14	15	16	17	18
生灵涂炭	贪天之功	功垂竹帛	博大精深	深明正义	义薄云天
24	23	22	21	20	19
威风凛凛	狐假虎威	生龙活虎	谈笑风生	阔步高谈	天高地阔
25	26	27	28	29	30
林林总总	总角之好	濠濮间想	香草美人	人约黄昏	昏定晨省

14 贪天之功

探源 《左传·僖公二十四年》："窃人之财，犹谓之盗，况贪天之功，以为己力乎？"

字解 贪：贪图。天：上天。功：功劳，功绩。

例句 我们绝不能贪天之功，将群众的努力，统统算在自己的身上。

27 濠濮间想 (háo pú)

探源 庄子曾在濠梁羡慕游鱼之乐，又在濮水垂钓辞官，表现出一种超然物外之情。后用"濠濮间想"指超逸悠闲的情趣。

字解 濠、濮：两条河水的名字。

例句 这个园林诗情画意，木阴花明，令人不禁有濠濮间想！

成语故事

春秋时，晋文公重耳曾流亡国外，他回国即位后，对跟随他流亡的文武大臣进行封赏。他人皆争先恐后，唯介之推避之不去。他母亲得知此事后，劝他面见国君，他对母亲说："国君能回国即位，是上天的安排。现在那些人无功受禄，非常可耻。偷窃他人东西尚且被叫作盗贼，何况把上天的功劳据为己有呢？"现在，"贪天之功"指抹杀群众或领导的力量，把功劳归于自己。

成语故事

有一次，庄子在濮水钓鱼，楚王派人去请他出来做官，他说："我听说楚王把一只神龟供奉在宗庙的堂上。这只神龟，它是宁愿死后处于庙堂显示尊贵呢，还是活着在泥中拖着尾巴爬行呢？"来者说："宁愿活着在泥中拖着尾巴爬行。"庄子说："我就宁愿像龟一样在泥中拖着尾巴活着。"庄子要表达的意思是：自己不想去做官，只想像畅游于山水之间，享受人生之乐。

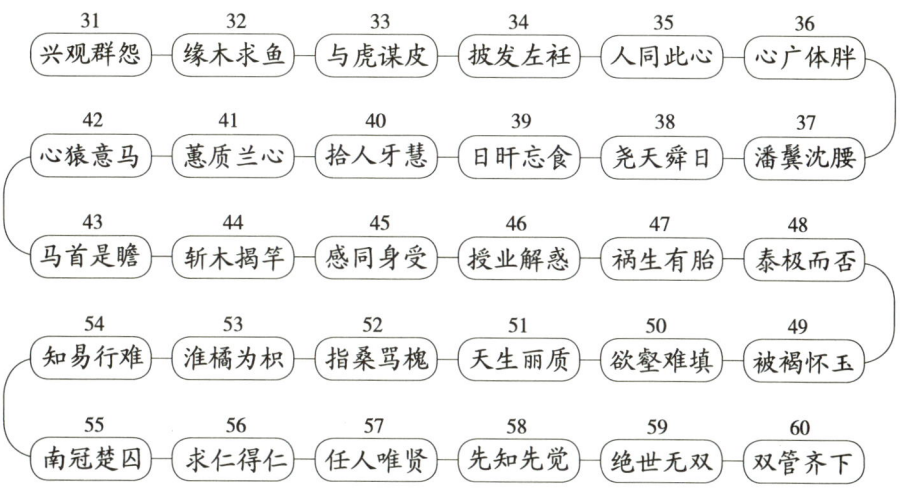

36 心广体胖(pán)

探源 《礼记·大学》:"富润屋,德润身,心广体胖,故君子必诚其意。"

字解 宽:宽广,坦荡。胖:安泰舒适。

例句 遇到问题都往好的方面想,不要杞人忧天,自然能够心广体胖。

54 知易行难

探源 《尚书·说命中》:"说拜稽首曰:'非知之艰,行之惟艰。'"汉·孔安国传:"言知之易,行之难。"

字解 知:懂得。行:践行,实践。

例句 知易行难,要把理论或愿望付诸实践,必须有战胜一切艰难险阻的精神。

易错点睛

"胖"字在表示大或舒适意时念"pán",在表示肉多、肥胖义时念"pàng"。这个成语原指心胸开阔,身体安泰舒适(因此这里的"胖"读pán),不过后来人们多用来指心情愉快,无所牵挂,因而身体也健壮。

"心广体胖"也作"心宽体胖"。

成语人生

古人云"大道至简,知易行难",关于宇宙、社会、人生的道理是简单易懂的,但并非人人都能将道理落实到行动中。为什么道理理解起来很简单,付诸行动却很难?因为人性有懒惰、自负、固执等弱点,它们使得"知"和"行"无法完美地结合。在学习和工作中,我们应克服自身弱点,尽可能地将想法付诸行动,行动是获得成功的第一步。

#	成语
1	年年有余
2	鱼龙混杂
3	杂乱无章
4	张三李四
5	撕心裂肺
6	匪夷所思
7	死无对证
8	正人君子
9	紫气东来
10	来者不善
11	山穷水尽
12	尽心尽力
13	里应外合
14	和而不同
15	同心合力
16	历历在目
17	目不转睛
18	晶莹剔透
19	投其所好
20	好为人师
21	势不两立
22	立竿见影
23	应接不暇
24	下不为例
25	梨花带雨
26	鱼目混珠
27	珠联璧合
28	合二为一
29	依依不舍
30	舍近求远

20 好为人师

探源 《孟子·离娄下》："人之患在好为人师。"

字解 好：喜爱，爱好。人：他人。

例句 王教授获奖无数，却不骄傲自大；学识渊博，却不好为人师。这种为学、为人的态度值得我们学习。

成语人生

"好为人师"被认为是不谦虚、自以为是、狂妄自傲的表现，因此孟子说："人之患在好为人师。"对他人指指点点、夸夸其谈，并不见得他人会接受自己的教诲。《道德经》中说："圣人处无为之事，行不言之教。"可见，有时言教不如身教，自己做好表率作用，不费口舌之力，便起到教育他人的目的。生活中，我们要抱着"三人行必有我师"的态度与人相处，有事多与朋友商量，不要总是指责、教育他人。

40 玉石俱焚

探源 《尚书·胤征》："火炎昆冈，玉石俱焚。"

字解 玉：美玉。石：石头。俱：一起，全，都。焚：烧毁。

例句 有些不良企业在市场上故意制造混乱，不惜和竞争者玉石俱焚。

易错点睛

注意辨析"玉石俱焚"和"同归于尽"。"玉石俱焚"中的玉象征贵重美好的事物，石象征低贱丑陋的事物，强调好的一方和坏的一方，或贵重的和贫贱的一起毁坏或死亡。而"同归于尽"则强调两者同时死亡或毁灭，没有贵贱、好坏之分。

31	32	33	34	35	36
源远流长	畅通无阻	足食足兵	冰肌玉骨	骨瘦如柴	豺狼当道
42	41	40	39	38	37
顾此失彼	粉身碎骨	玉石俱焚	疾风暴雨	燃眉之急	道貌岸然
43	44	45	46	47	48
比肩继踵	中流砥柱	珠光宝气	气急败坏	怀璧其罪	罪有应得
54	53	52	51	50	49
戮力同心	轻车熟路	月白风清	风花雪月	树大招风	得陇望蜀
55	56	57	58	59	60
心口不一	一己之私	四海他人	人自为战	辗转反侧	恻隐之心

49 得陇望蜀

探源 源自《东观汉记·隗嚣传》，请参考成语故事。

字解 陇：今甘肃东部。蜀：今四川中西部。

例句 做人要懂得满足，千万不能得陇望蜀，不然只会失去更多。

60 恻隐之心

探源 《孟子·公孙丑上》："恻隐之心，仁之端也。"

字解 恻隐：对别人的不幸表示同情。"恻隐之心"形容对人寄予同情。

例句 看到这个小姑娘时，我忽然就有了一种恻隐之心，觉得她挺可怜的，于是就帮助了她。

成语故事

东汉初年，隗嚣和公孙述分别割据陇地和蜀地，相互勾结对抗朝廷。公元32年，大将军岑彭跟随光武帝刘秀出征陇地，将隗嚣围困在西城，又派兵将公孙述的援兵包围起来。光武帝见一时攻破不了城池，自己便先回洛阳，并留下一封诏书给岑彭，书中说："如果攻下陇地两城，便可带兵攻打蜀地。人总是不知足的，我也是如此，平定了陇地，又希望得到蜀地。"后来人们便用"得陇望蜀"来形容人贪得无厌。

文化密码

孟子主张"性善论"，他认为人生下来就具有仁、义、礼、智四种道德的萌芽。他提出"四端说"："恻隐之心，仁之端也；羞恶之心，义之端也；辞让之心，礼之端也；是非之心，智之端也。"其中恻隐之心是最根本的，孟子认为国君如果能将这种同情之心、怜悯之心推及至普通百姓身上，就已经在推行仁政。可以说，恻隐之心学说是孟子仁学思想体系的理论基础。

13 成语游戏 虎踞龙盘

第一组 将下面的成语接龙补充完整。

金榜题名 — 名山胜水 — 水月镜花 — 1. — 地老天荒 — 2.
钟鸣鼎食 — 4. — 宝刀不老 — 稀世之宝 — 3. — 经年累月
食甘寝宁 — 宁死不屈 — 5. — 数往知来 — 来者可追 — 追远慎终
7. — 跳梁小丑 — 连蹦带跳 — 骨肉相连 — 6. — 终天之恨
露宿风餐 — 餐风沐雨 — 雨过天青 — 青红皂白 — 8. — 老气横秋
容光焕发 — 10. — 乐山乐水 — 9. — 人定胜天 — 秋水伊人
11. — 强颜欢笑 — 笑逐颜开 — 开天辟地 — 12. — 博采众长
15. — 美中不足 — 14. — 机关算尽 — 13. — 长绳系日
谋财害命 — 命中注定

第二组 将下面的成语接龙补充完整。

千军万马 — 马壮人强 — 强兵富国 — 1. — 生死关头 — 头晕眼花
4. — 人才难得 — 3. — 知足常乐 — 年少无知 — 2.
生不如死 — 死地求生 — 5. — 别具慧眼 — 6. — 低三下四
9. — 赏罚分明 — 8. — 平心而论 — 歌舞升平 — 7.
火树银花 — 花枝招展 — 展翅高飞 — 10. — 达官贵人 — 人各有志
实事求是 — 12. — 朴实无华 — 还淳返朴 — 合浦珠还 — 11.
是古非今 — 今生今世 — 世易时移 — 13. — 木已成舟 — 舟车劳顿
15. — 固执己见 — 根深蒂固 — 14. — 胸怀磊落 — 顿足捶胸
为人师表 — 表里如一

第三组 将下面的成语接龙补充完整。

言而有信 → 1. → 河清海晏 → 晏然自若 → 2. → 无足轻重
舞文弄墨 → 4. → 云淡风轻 → 裂石穿云 → 3. → 重于泰山
墨突不黔 → 5. → 穷追不舍 → 6. → 人面桃花 → 花容月貌
8. → 长吁短叹 → 说来话长 → 道听途说 → 离经叛道 → 7.
止于至善 → 9. → 休戚相关 → 关门大吉 → 10. → 意气相得
空前绝后 → 12. → 人定胜天 → 息事宁人 → 11. → 得意门生
后来居上 → 上行下效 → 效颦学步 → 13. → 营私舞弊 → 弊绝风清
15. → 老态龙钟 → 14. → 稀世之宝 → 月明星稀 → 清风明月
秀外慧中 → 中流砥柱

第四组 将下面的成语接龙补充完整。

一字千金 → 1. → 言之凿凿 → 凿壁偷光 → 2. → 目瞪口呆
4. → 象箸玉杯 → 蛇欲吞象 → 3. → 鸡飞蛋打 → 呆若木鸡
影影绰绰 → 绰绰有余 → 5. → 梁上君子 → 6. → 有说有笑
勤学好问 → 8. → 安居乐业 → 入土为安 → 7. → 笑里藏刀
问一答十 → 十有八九 → 9. → 尊师重道 → 10. → 说千道万
秋高气和 → 皮里阳秋 → 羊质虎皮 → 顺手牵羊 → 11. → 万万千千
12. → 同床异梦 → 梦寐以求 → 13. → 仁至义尽 → 尽弃前嫌
15. → 依依不舍 → 生死相依 → 国计民生 → 富可敌国 → 14.
远见卓识 → 识文断字

成语达人　国民男神李绅

第十四章
老骥伏枥，志在千里

释义：老马被关在在马圈里，却仍然想着驰骋千里。比喻人虽然年老，却仍有雄心壮志。

探源：曹操《步出夏门行·龟虽寿》："老骥伏枥，志在千里。"

第一关　牛刀小试

看图片，猜成语。（答案见231页）

1.

2.

3.

4.

• 第二关　登堂入室 • 看图片，猜成语。（答案见231页）

1. ☐☐☐☐☐

2. ☐☐☐☐☐ （5字）

3. ☐☐☐☐☐

4. ☐☐☐☐☐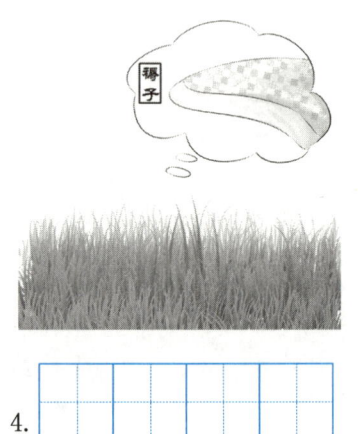

5. ☐☐☐☐☐

168页 锦囊妙计

1. 形容人说话做事表面好像粗鲁、随便，实际上却是审慎、细心。
2. 吹捧、恭维别人。
3. 残存和坍塌了的墙壁。形容残败的景象。
4. 像坐在插着针的毡子上。形容心神不定，坐立不安。
5. 多指作客他乡的人最终要回到故乡。

本页锦囊妙计在第194页下方。

● 第三关　炉火纯青 ● 看图片，猜成语。（答案见231页）

1. ☐☐☐☐☐☐

2. ☐☐☐☐☐☐☐ （7字）

3. ☐☐☐☐☐☐☐☐ （8字）

4. ☐☐☐☐☐ （5字）

5. ☐☐☐☐☐☐

169页 锦囊妙计

1. 形容占有四面八方，包揽无余。
2. 指教师向学生传授学业。
3. 拿着羽毛扇子，戴着青丝绶的头巾。形容态度从容。
4. 感慨生不逢时或表示年寿老迈。
5. 比喻开始在这一方面失败了，最后在另一方面取得胜利。

本页锦囊妙计在第195页下方。

成语人生

俗话说："天外有天，人外有人。"在前辈学者面前，后辈应当虚心请教，而不能自以为是，卖弄本领。

当然，每个人都必然要经历青春的岁月，有时没有经验的年轻人在专家面前"班门弄斧"，未尝是坏事。勇于在内行面前展现，也是自身锻炼学习的过程。在专家面前缩手缩脚，就无法让专家知道并指出我们的毛病，我们也就闭门造车，无法突破自己。

在鲁班的门前舞弄大斧。比喻在内行面前卖弄本事。常用于自谦。

班门弄斧

探源 唐·柳宗元《王氏伯仲唱和诗序》："操斧于班、郢之门，斯强颜耳。"

字解 班：即鲁班，我国古代著名巧匠。弄：舞弄。

例句 你们几个都是北大的博士，所以我今天就不班门弄斧了，我们聊点浅显的东西吧。

易错点睛

注意辨析"气吞牛斗"与"气冲牛斗"。"气冲牛斗"出自唐·杨炯《杜袁州墓志铭》"宝剑之沉，夜气冲于牛斗"。原指宝剑的光气直冲星空，后多用来形容气势或怒气极盛。这两个成语都可用来形容气势或气魄很大，但"气吞牛斗"不能用来表示愤怒的程度。如："旧事重提，靳老板气冲牛斗，大骂蒋守规忘恩负义。"这句话中的"气冲牛斗"形容靳老板很生气，不可换成"气吞牛斗"。

气势可以吞没天上的星辰。形容气势雄伟豪迈。

气吞牛斗

探源 明·胡文焕《群音类选〈蟠桃记·诞孙相庆〉》："看兰孙，气吞牛斗，知不是等闲人。"

字解 牛：二十八宿中的牛宿。斗：二十八宿中的斗宿。

例句 那时候，青年人都是龙神马壮，气吞牛斗，说起话来，慷慨激昂，谁也不让谁。

比喻模仿不成,反而失去自己原有的长处。

邯郸学步

探源 《庄子·秋水》:"且子独不闻夫寿陵余子之学行于邯郸与?未得国能,又失其故行矣,直匍匐而归耳。"

字解 邯郸:地名,战国时赵国国都,今河北省邯郸市。学步:学习走路。

例句 有识之士认为,学习日本动漫并无不妥,关键是不能邯郸学步,要培养自己民族的特色。

文化密码

春秋战国时期,诸侯并立、文化繁荣、纷争不断,当时赵国都城邯郸处于列国的中心,东有齐鲁,西有韩秦,南有郑楚,北有幽燕。有利的地理位置使邯郸成为各种历史事件上演的舞台,也使得今天的邯郸成为"成语之乡"。据不完全统计,与邯郸有关的成语典故达1500条,如"邯郸学步""完璧归赵""围魏救赵""毛遂自荐""价值连城""纸上谈兵"等。

比喻才能完全显露出来。

脱颖而出

探源 《史记·平原君虞卿列传》:"使遂蚤得处囊中,乃颖脱而出,非特其末见而已。"

字解 颖:锥子上部的环儿。

例句 在众多的MBA申请者当中,怎样能够使自己脱颖而出获得成功,申请策略就显得尤为重要了。

成语故事

战国时,秦国攻打赵国。赵国派平原君到楚国求助,门客毛遂请求随行。平原君说:"有才能的人,在人群中,就好比锥子放在布袋,锥尖很快露出来。你来我家三年,我还没有听过你的名字,可见你没有什么才能,还是留下吧!"毛遂说:"要是你早点把我放在布袋里,就会连锥子上面的环也露出,哪里只露出锥尖!今天我正是请求你把我放进布袋里。"平原君便同意他随行,他果真出色地帮助平原君完成了使命。

品读

成语人生

佛家有个偈子:"佛在灵山莫远求,灵山只在汝心头。人人有座灵山塔,好在灵山塔下修。"当然,这是佛家明心见性的一种修行智慧。其实在日常生活中,我们也经常不懂得利用自己拥有的环境和条件,总是舍近求远,去寻找其他东西。等到所追求的东西拥有了,才发现自己曾拥有的才是最好的。因此,还不如一开始就将自己拥有的发挥到极致,在此基础上,再去寻找超越自己的门径。

比喻一面占据着已有的,一面还去寻找更称心的。现多比喻东西就在自己这里,还到处去找。

骑马找马

探源 清·李伯元《官场现形记》:"彼时间骑马寻马,只要弄到一笔大大的银款,赚上百十两扣头,就有在里头了。"

例句 很多求职者骑马找马,希望找一个比去年工资高的岗位,但受整体经济环境影响,今年工资增幅并不太高。

易错点睛

"炮"念"páo",不念"pào"。炮制,又称炮炙,是根据中医中药理论,采用水制、火制、水火共制等方法对药材进行加工处理的技术。南朝宋时药物学家雷敩所著的《雷公炮炙论》是我国第一部炮制专著。

依照成法,炮制中药。泛指按照现成的方法办事。

如法炮(páo)制

探源 宋·释晓莹《罗湖野录·庐山慧日雅禅师》:"若克依此书,明药之本性,又须解如法炮制。"

字解 炮制:通过炮、炒等方法将中草药原料制成药物。

例句 看到这家餐馆生意红火,他也如法炮制开了一家,但却生意冷清,入不敷出。

微信扫一扫
视频更精彩

网开一面

文化密码

"博士"一词始见于战国,是一种官名。秦始皇时有博士七十人,汉朝初期沿袭秦朝的制度,诸子百家都设有博士。汉武帝时,罢黜百家,独尊儒术,因此罢黜原有的诸子百家博士,唯设立《易》《书》《诗》《礼》《春秋》五经博士,从此儒学和政权紧密联系在一起。

我们现在所说的博士,是指攻读或已获得博士学位的人。

比喻写文章废话连篇,啰唆而不得要领。

博士买驴

探源 北齐·颜之推《颜氏家训·勉学》:"邺下谚云:博士买驴,书券三纸,未有驴字。"(博士买了一头驴子,写了三张纸的契约,却没有一个驴字。)
字解 博士:古代学官名。
例句 豪华简历这东西太厚,犹如博士买驴,翻开好几页还没见正文。

成语故事

有一天,庄子梦见自己变成一只翩翩起舞的蝴蝶,悠闲自得。梦醒后,庄子卧在床上思考到底是庄子梦到蝴蝶呢,还是蝴蝶梦到庄子呢?其实,这是一个哲学问题——作为认识主体的人能否确切地区分真实和虚幻。这个典故包含着隽永的浪漫情调和深刻的人生思考,引起后代文人的共鸣,如李商隐哀叹"庄生晓梦迷蝴蝶,望帝春心托杜鹃"。陆游感慨"蝴蝶梦魂常是客,芭蕉身世不禁秋"。

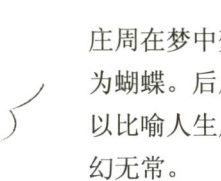

庄周在梦中变为蝴蝶。后用以比喻人生虚幻无常。

庄周梦蝶

探源 《庄子·齐物论》:"昔者庄周梦为胡蝶,栩栩然胡蝶也。"
字解 庄周:即庄子。
例句 经历了大半生的努力,王国栋终于找到了自幼失散的妹妹,看着白发苍苍的亲人,他不禁有种庄周梦蝶的恍惚感。

成语人生

"人无远虑，必有近忧。"一个人若只看重眼前的利益，得到的只是短暂的欢愉，最后要面对的却是过失所带来的灾祸。春秋时，范蠡帮助勾践兴越国、灭吴国之后，不贪取眼前功名，而选择急流勇退、泛海经商，终成了一代"商圣"。如果他当年留下来辅助勾践，只会像文种一样无法逃脱赐死的命运。因此孟子说"君子有终身之忧，无一朝之患也"。

比喻贪图眼前微小的好处而损害长远的利益。

杀鸡取卵

探源 出自《伊索寓言》。
字解 卵：这里指蛋。
例句 任何一项事业，都需要远近兼顾、深谋远虑，杀鸡取卵、竭泽而渔式的发展是不会长久的。

易错点睛

"弃甲曳兵"一词侧重强调战败一方逃跑之时的窘相，不可理解成"军队一方主动卸下铠甲，收回兵器，停止战斗"。如"连续打了几天仗，敌军突然弃甲曳兵，不知有何阴谋？"这个句子是表示敌人收敛军事行动，用"弃甲曳兵"是不正确的，可以改为"偃旗息鼓"。

形容战败逃跑的狼狈相。

弃甲曳兵

探源 《孟子·梁惠王上》："填然鼓之，兵刃既接，弃甲曳兵而走，或百步而后止，或五十步而后止。"
字解 甲：铠甲。曳：牵引，拖。兵：兵器。
例句 入侵帝国弃甲曳兵而去，只留下坚固碉堡至今屹立。

微信扫一扫
视频更精彩

五体投地

原是古代的一种酒令游戏。后泛指在水边宴集。

曲水流觞 shāng

探源 晋·王羲之《兰亭集序》："此地有崇山峻岭，茂林修竹，又有清流激湍，映带左右，引以为流觞曲水，列坐其次。"

字解 曲水：弯曲的流水。觞：盛满酒的杯。亦泛指酒器。

例句 他们在院子的池塘边举办了一个聚会，可谓是曲水流觞，热闹非凡。

文化密码

行酒令是我国一种宴饮文化，其形式多样。春秋战国流行投壶，即投箭于投壶之中，多中者为胜。汉代流行藏钩，即众人分成两队，每队有一只小钩在众人手中传递，双方互猜小钩所在，猜中率高的为胜者。汉代还流行射覆，即将一物藏于覆器，让对方猜此为何物，输者饮酒。魏晋时则流行曲水流觞，即将酒杯放在船形的载体上，随水漂流，漂到谁跟前，谁就必须取杯饮酒作罚。

形容安于不用智巧的淳朴生活。

抱瓮灌园 wèng

探源 《庄子·天地》："凿隧而入井，抱瓮而出灌。"

字解 瓮：一种腹大口小的陶制盛器。灌：浇灌。

例句 他被迫退隐以后，变成了手不离杯的醉翁、抱瓮灌园的村叟。

成语故事

有一次，孔子的学生子贡在汉水的南岸看见一个老头抱着水瓮去浇菜，一趟一趟来回走，既费力，效率又低。于是他对老人家说："您为什么不用汲水工具来灌溉呢？用汲水工具的话，省力气又高效，您不愿用吗？"老头听了之后，说："我不是不知道你说的办法，只是那样做，人就会有机心，我不愿意那样做。"后来，"抱瓮灌园"成为文人笔下向往淳朴生活的意象。

成语人生

老莱子是中国历史上著名的孝子。他70岁时，还经常穿着彩衣，做婴儿的动作。有一次，他为双亲送水，假装摔倒，学小孩子哭闹，逗二老开心。

当然，老莱子的"孝"并不适合所有人，儿女对父母尽孝心可以有多种形式：子女勤奋刻苦、学业有成，父母看了高兴，是一种孝；子女身体健康，儿孙满堂，父母可享天伦之乐，这也是一种孝；孩子能理解父母，经常和父母交心相谈，也是一种孝。

指身穿彩衣，作婴儿戏耍以娱父母。后成为老养父母的典故。

斑衣戏彩

探源 《北堂书钞》卷一二九引《孝子传》言老莱子年七十，父母尚在，因常服斑衣，为婴儿戏以娱父母。

字解 斑，一种颜色中夹杂的别种颜色的点子或条纹。斑衣，这里指彩衣。

例句 王教授六十多岁了，却经常在老母亲面前"斑衣戏彩"，有时讲个笑话，有时还跳个《小苹果》。

易错点睛

注意辨析"弹冠相庆"和"新沐弹冠"的区别。这两个成语的"弹冠"都表示弹去帽子上的灰尘。前者的语境是弹去帽子的灰尘后，在好友的私自推荐下出来做官，是贬义；后者的语境是刚刚洗完头发的人一定要把帽子上的尘土弹去，比喻人要洁身自好，是褒义。后者出自屈原《渔父》："新沐者必弹冠，新浴者必振衣，安能以身之察察，受物之汶汶者乎？"

指即将做官而互相庆贺。多用于贬义。

弹冠相庆 guān

探源 汉朝时，王吉和贡禹是好友，王吉做了官，贡禹认为王吉一定引荐自己出来做官，因此拿出官帽，弹去灰尘，准备戴用。

字解 弹冠：弹掉帽子上的灰尘。

例句 有些官员一旦升迁，他的亲戚朋友便弹冠相庆，以为自己也有机会当官了。

多形容女子风度娴雅，举止大方。

林下风气

探源 南朝宋·刘义庆《世说新语·贤媛》："王夫人神情散朗，故有林下风气。"

字解 林下：树林之下，指幽静之处。风气：风度与气质。

例句 她们几个人经常聚在一起品茶酌酒，并且诗词唱和，颇具林下风气。

文化密码

魏正始年间，社会动荡，民不聊生。文人们不仅怀才不遇，更对司马氏掌权的朝廷颇有微词。当时嵇康、阮籍等七人隐居竹林之下。他们不拘礼法，放荡不羁，崇尚老庄学说；又常饮酒畅谈，作诗为文，对当时社会的黑暗和虚伪进行揭露。后来，"林下风气"就指人的幽雅娴静风度。因《世说新语·贤媛》中用其形容王夫人之风度，遂成女子娴雅、大方的优雅说法。

形容歌声或音乐优美。现在也比喻诗文韵味深长。

余音绕梁

探源 《列子·汤问》："昔，韩娥东之齐，匮粮，过雍门，鬻歌假食，既去而余音绕梁，三日不绝，左右以其人弗去。"

例句 当杜丽娘衣袂飘飘、云步轻点地绕柱而行，且舞且唱时，真的是余音绕梁，令人痴醉。

成语故事

战国时，韩国有一个叫韩娥的人，相传她唱歌非常好听。有一次，她经过齐国时，恰好盘缠用尽。为了筹集路费，她便在齐国都城（临淄，今属山东）的雍门唱歌。韩娥声音清脆嘹亮，婉转悠扬，十分动人。这次演唱，轰动全城。唱完以后，她的歌声一直在雍门缭绕，三日不绝。听众们也徘徊留恋，不肯散去。

14 成语游戏 诗情画意

第一组 写出可以用来描述下面名画的成语。

1. 《蒙娜丽莎》（达·芬奇）

微信扫一扫
查看彩色图

2. 《焦裕禄》（毛本华、王刚、鲍璐、郝米嘉）

3. 《八骏图》（徐悲鸿）

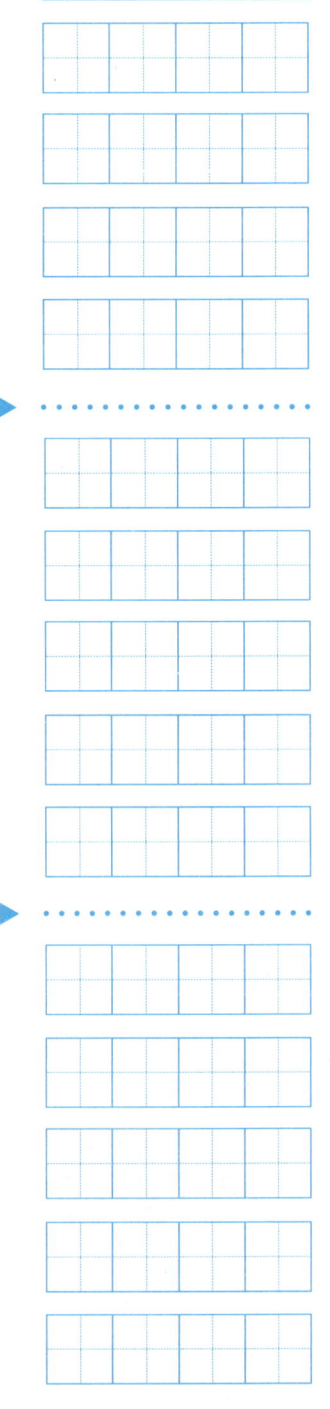

第二组 写出可以用来描述下面名画的成语。

1.《父亲》（罗中立）

2.《清明上河图》局部（张择端）

3.《伏尔加河上的纤夫》（列宾）

成语达人 超级苏轼迷李新

闯关

第十五章
仁者见仁，智者见智

释义：指不同的人对同一事物的理解有所不同。
探源：《周易·系辞上》："仁者见之谓之仁，知者见之谓之知。"

· **第一关　牛刀小试** ·　看图片，猜成语。（答案见232页）

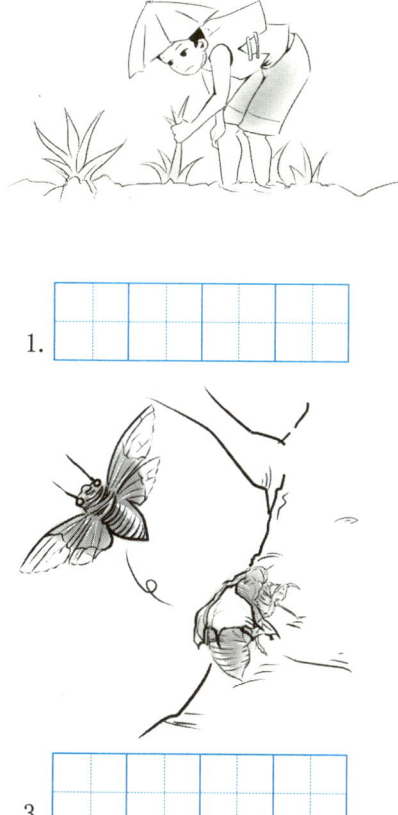

1. ☐☐☐☐

2. ☐☐☐☐

3. ☐☐☐☐

4. ☐☐☐☐

第二关　登堂入室　看图片，猜成语。（答案见232页）

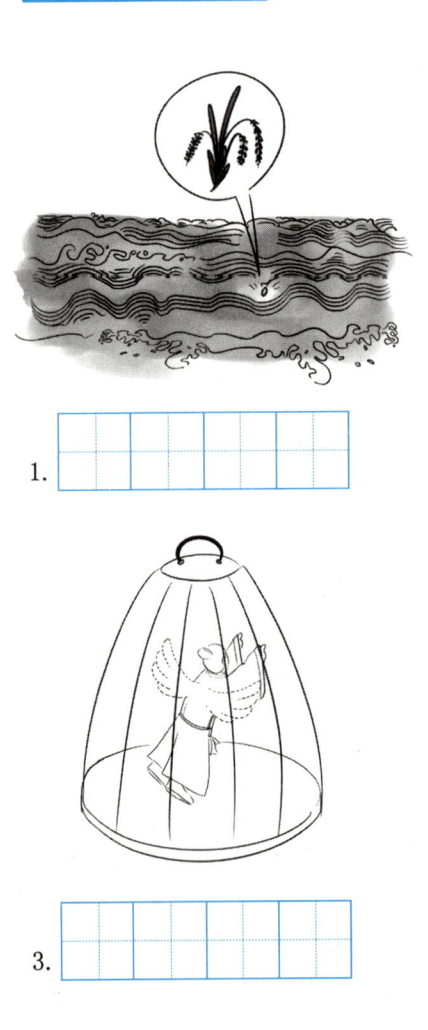

1. ☐☐☐☐☐
2. ☐☐☐☐☐
3. ☐☐☐☐☐
4. ☐☐☐☐☐
5. ☐☐☐☐☐

180页 锦囊妙计

1. 伸长脖子等待被杀。指不作抵抗而等死。
2. 指轻而易举地解除将领的兵权。
3. 比喻微小的事物有广阔的发展前途。
4. 绿油油的草好像地上铺的褥子。
5. 尊敬老人，爱护儿童。

本页锦囊妙计在第002页下方。

• **第三关　炉火纯青** • 看图片，猜成语。（答案见233页）

1. ☐☐☐☐

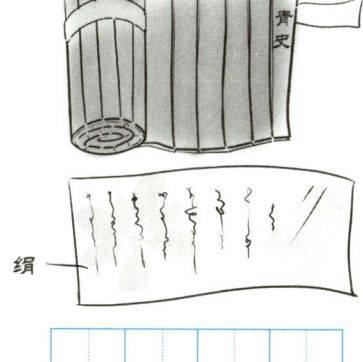

2. ☐☐☐☐

3. ☐☐☐☐

4. ☐☐☐☐

5. ☐☐☐☐

181页 **锦囊妙计**

1. 比喻内部发生祸乱。
2. 比喻想要隐瞒掩饰，结果反而暴露。
3. 比喻什么都已准备好了，只差最后一个重要条件了。
4. 比喻只有经过严峻的考验，才知道谁真正坚强。
5. 比喻容易引起嫌疑的场合。

本页锦囊妙计在第003页下方。

成语人生

面对变化莫测的自然和不可预知的未来,每个人都会遇到困难,而患难与共却能让彼此感到幸福和温暖。有人说,除了爱以外,世界上最美丽的动词是"帮助"。"帮助"不存在大小之别,令人感动的是出自彼此真心的那份爱。"相濡以沫"正是"患难之时见真情"的最美写照。

相濡以沫

比喻在困境中用微薄的力量相互帮助。

探源 《庄子·大宗师》:"泉涸,鱼相与处于陆,相呴以湿,相濡以沫,不如相忘于江湖。"

字解 濡:沾湿,浸润。沫:唾沫。

例句 "真金不怕火炼",两岸同胞相濡以沫、和衷共济的殷殷情谊,是任何政治势力都无法破坏的。

易错点睛

"耳提面命""谆谆教导""苦口婆心"三个成语都有恳切教导的意思。"谆谆教导"意思是恳切、耐心地教导,侧重耐心,指不厌其烦地反复教导。"苦口婆心"主要指心存善意,并耐心地劝导,侧重劝导者出于好心。"耳提面命"的恳切程度最高,不但口要说,手也要用上,常用于长辈对晚辈的教导。

耳提面命

形容长辈教导热心恳切。

探源 《诗经·大雅·抑》:"匪面命之,言提其耳。"意思是不但当面教导他,而且揪着他的耳朵向他讲。

例句 虽然我们从小就被耳提面命,不准浪费粮食,但很多时候仍会不自觉地倒掉食物。"光盘行动"就是要唤醒人们不浪费的美德。

文化密码

自古以来，形容冤情之大、冤情之深，无不是与鬼神、异象联系在一起。或许只有鬼神和异象才能昭示其冤，洗雪其恨。春秋时，贤臣伍员忠心被杀，化为潮神；战国时，忠臣邹衍因谗受陷，六月飞霜；汉朝时，东海孝妇蒙冤被杀，郡中大旱；苌弘受冤而死，他的血三年之后化为碧玉。这些夸张而又诡异的传说背后，其实都是为了突出冤情的深重，也是为了显示当事人人格节操的完美。

苌弘受冤被杀害，传说其血化为碧玉。后用以指含冤而死的人其神灵永存。

cháng
苌弘化碧

探源 《庄子·外物》："人主莫不欲其臣之忠，而忠未必信，故伍员流于江，苌弘死于蜀，藏其血三年而化为碧。"

字解 苌弘：春秋时周敬王的大夫。碧：青绿色的玉石。

例句 自古以来，像苌弘化碧那样蒙怨而死或忠心不泯的历史人物多不胜数。

成语故事

南朝时期就有云光法师讲经而天花乱坠的故事。当年，梁武帝信仰佛教，在全国各地兴建寺庙，他曾经三次入寺做和尚，还下令规定出家人不能吃肉。有一次梁武帝在南京南郊石子岗听云光法师讲诵《涅槃经》，云光法师讲经之时，天上的香花纷纷坠落。从此以后，梁武帝更加沉迷佛教，不理朝政，导致国事荒废。

指语言华而不实。

天花乱坠

探源 此词出自佛典，据说佛祖讲经说法，感动了上天，天花纷纷落下。后用以形容说话非常动听。多为贬义。

字解 天花：佛教指天上的花。坠：落。

例句 许多不良厂商把产品宣传得天花乱坠，使消费者丧失辨别能力，多掏钱购买价格昂贵但名不副实的产品。

成语人生

在生活中，我们常常会有"画地为牢"的行为。例如，局限于一种生活状态，不愿去感受更多的生活方式；固执地认为自己的想法是最好的，很少与别人沟通交流；遇到困难时，不能多渠道地想办法解决问题等。

其实，打破"画地为牢"很简单。只要我们用开放的心态去做事，时常多角度地思考问题，坦诚地请求别人帮助或提出建议，那么就没有什么可以束缚我们前进的脚步。

比喻局限在狭小的圈子里活动。

画地为牢

探源 汉·司马迁《报任少卿书》："故士有画地为牢，势不可入，削木为吏，议不可对，定计于鲜也。"

字解 牢：牢狱。相传上古时，使犯罪的人站在地上画的圈里，作为牢狱。

例句 青年人应大胆走出画地为牢的生活、走出陈陈相因的习惯，过一种更值得过的生活。

易错点睛

"泾""渭"是河的名字，要注意与地理中的经线、纬线相区分。现代汉语中，没有"经纬分明"这一成语，但可以认为这是一个词组，意思是地图上的经线和纬线区别很明显。

比喻界限清楚或是非分明。

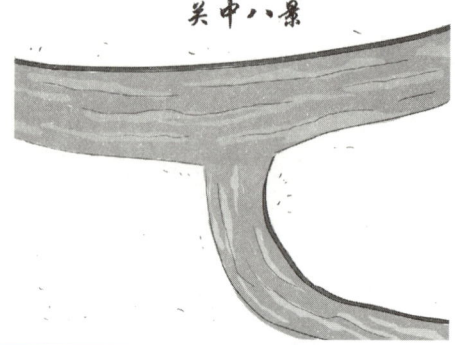

jīng wèi
泾渭分明

探源 泾河和渭河在西安北郊交汇时，由于含沙量不同，呈现出一清一浊、清浊不混的奇特景观。后用"泾渭分明"比喻界限清楚或是非分明。

字解 泾：泾河，渭河的支流。渭：渭河，黄河的支流。

例句 钓鱼岛问题的历史真相泾渭分明，由不得任何人信口雌黄。

微信扫一扫
视频更精彩

泾渭分明

比喻人长寿。常用作祝寿之词。

龟年鹤寿

探源 唐·李商隐《祭张书记文》："神道甚微，天理难究，桂蠹兰败，龟年鹤寿。"

字解 年：年龄。寿：寿命。

例句 今天是爷爷八十大寿，我们全家聚在一起给他过生日，祈愿爷爷龟年鹤寿、长命百岁。

文化密码

龟作为瑞物，鹤作为仙禽，两者在中国文化中有着很高的文化地位。中国人认为乌龟有灵性，因此商周时烧灼龟甲，根据裂纹来判定吉凶。乌龟安静长寿，被赋予长寿的象征，因此称人长寿为"龟年""龟龄""龟寿"。鹤舞姿优美、步行规矩，犹如翩翩君子。在道教中，鹤作为仙人的坐骑，具有仙风道骨，是长寿的象征，因此中国人称健寿之人为"鹤发童颜""鹤寿无量"。

形容诗文或书法作品极为精妙。

一字千金

探源 《史记·吕不韦列传》："布咸阳市门，悬千金其上，延诸侯游士宾客有能增损一字者予千金。"

字解 千金：极言钱财多，形容贵重。

例句 李叔同的演讲稿与辑录的处世格言被梁实秋、林玉堂等作家誉为"一字千金"，值得所有人慢慢阅读、慢慢体味。

成语故事

战国末期，魏国有信陵君、楚国有春申君、赵国有平原君、齐国有孟尝君，他们的门客多且学问好，名声很大。秦国的丞相吕不韦不甘落后，也养了三千门客，并组织他们将各人的见解和心得汇集成书，名为《吕氏春秋》。书成后，吕不韦下令将全书置于咸阳城门外，并宣布：谁能指出书中错误，增一字或删一字，甚至改动一个字，赏给黄金千两。后人用"一字千金"称赞诗文精妙，价值极高，不可更改。

成语人生

"板凳要坐十年冷，文章不写一句空"，这是一位教授的治学名联。这种严谨笃实的治学态度，也可用于指导我们的生活和工作。现在的社会诱惑太多，浮躁虚假之习蔚然成风。抱着一劳永逸的态度，做什么事情都不可能成功。只有耐得住寂寞，沉下心从事自己所喜欢的工作，假以时日，自然会有收获。"不经一番寒彻骨，哪得梅花扑鼻香"说的就是这样的道理。

比喻处境冷清，生活清苦，或受到冷落，不被重视。

坐冷板凳

探源 清·李宝嘉《官场现形记》第十七回："虽然也没有什么大进项，比起没有发达的时候，在人家坐冷板凳，做猢狲大王，已经天悬地隔了。"

例句 坐冷板凳，跑腿打杂何尝不是考验一个人工作态度、作风、品质的最好办法？

易错点睛

"鱼目混珠"与"鱼龙混杂"的意思不可混淆了。"鱼目混珠"比喻以假乱真，以次充好，对象是物。而"鱼龙混杂"是指鱼和龙混在一起，比喻好人坏人混杂在一起，对象是人。

拿鱼眼睛冒充珍珠，后用以比喻拿假的东西冒充真的东西。

鱼目混珠

探源 汉·魏伯阳《参同契》卷上："鱼目岂为珠？蓬蒿不成槚。"

字解 鱼目：鱼的眼珠子。混：蒙混，冒充。珠：珍珠。

例句 如今，假冒伪劣产品鱼目混珠、充斥市场，且名目繁多，令消费者难辨真假。

微信扫一扫
视频更精彩

扬汤止沸

比喻得失无常，人生如梦。

南柯一梦

探源 出自唐·李公佐《南柯太守传》。淳于棼酒后梦到被大槐安国招为驸马，后任南柯太守，享受富贵荣华，醒来后发现乃一场大梦。

例句 纵观人类历史图景，多少国家曾经辉煌一时，但又瞬间衰落；多少国家企图称霸一世，却成南柯一梦。

文化密码

自古以来，梦一直与文学结下不解之缘。从"庄周梦蝶"到"黄粱一梦"，从"南柯一梦"到"华胥一梦"，缥缈幻美的梦被文学家们用来寄托情感、渲染意境。这样的例子在古典诗词中更是多不胜数。如韦庄《台城》中有句"江雨霏霏江草齐，六朝如梦鸟空啼"，便引发读者对金粉六朝消逝后物是人非的感慨。崔涂的"蝴蝶梦中家万里，杜鹃枝上月三更"，更是表达了游子千丝万缕的思乡之情。

比喻以其人之道还治其人之身。

请君入瓮

探源 《资治通鉴·唐纪·则天皇后天授二年》："兴曰：'此甚易尔！取大瓮，炭四周炙之，令囚入中，何事不承！'俊臣乃索大瓮，火围如兴法，因起谓兴曰：'有内状推兄，请兄入此瓮。'"

例句 上次，我们因不熟悉对方的新打法而败，这次我们也换了新打法，目的是"请君入瓮"，把对方打个落花流水。

成语故事

唐朝时，周兴和来俊臣是武则天手下的两名酷吏。有一次，有人告发周兴谋反，武则天派来俊臣审理此案。来俊臣和周兴饮酒聊天，对周兴说："最近审案,有些犯人死不认罪，不知你有何办法？"周兴说："用一个大瓮，四周堆满炭火烤热，将犯人放进瓮里，还有什么犯人不招供呢？"来俊臣随即命人抬来大瓮，堆上火炭，对周兴说："有人告发你谋反，请你入瓮受审吧！"周兴惊恐万分，只好俯首认罪。

成语人生

"信言不美，美言不信。"意思是说诚实可靠的话听起来不好听，美妙动听的话往往不真实。但大多数人有一个毛病，那就是爱听恭维话，不喜欢批评建议的话。在与人相处时，要用真心去交往，也要用心去辨别他人的话。"良药苦口利于病，忠言逆耳利于行"，那些听起来让你不舒服的话往往能给你帮助，而那些一味夸奖我们的话，无疑让我们失去改正错误的机会。

指讨好奉承别人。

溜须拍马

探源 溜须：宋时，宰相寇准胡须上沾了饭粒，门生丁谓为他梳理整齐，极尽奴媚之相。
拍马：元朝时，官员大多是武将出身，下级对上司最好的赞美，就是拍他的马并夸他的马好。

例句 艺术品一旦和权力、地位、金钱沾上边，便可能沦为溜须拍马的工具。

易错点睛

不能望文生义，将"白山黑水"解释为"青山的树木被砍光了，空荡荡的；清水被污染了，黑乎乎的"。"人类对环境肆意破坏，乱伐树木，污染江河，将来必将处处都是白山黑水的景象！"这个句子中使用"白山黑水"不正确。

泛指我国东北地区。

白山黑水

探源 《金史·世纪》："生女之地有混同江、长白山。混同江亦号黑龙江，所谓'白山黑水'是也。"

字解 白山：即长白山。黑水：即黑龙江。

例句 在白山黑水共同的战斗岁月中，金日成与著名抗联将领杨靖宇建立了深厚的友谊。

微信扫一扫
视频更精彩

一孔之见

反复翻阅，编缀竹简的皮绳磨断了多次。形容读书勤奋刻苦。

韦编三绝

探源 《史记·孔子世家》："孔子晚而喜《易》……读《易》，韦编三绝。"

字解 韦：熟牛皮。三：多次，再三。绝：断绝，断裂。

例句 古代那些韦编三绝、凿壁偷光、囊萤映雪的读书人，在极其恶劣的环境中始终坚持自己的阅读生活。

文化密码

我国古代文献的载体形式很多，按时代先后有甲骨、金石、竹简、缣帛、纸等。竹简，即将竹子劈成长而窄的竹片，用皮条编连成册。"韦编三绝"中的"韦"便是用来编连竹简的皮绳。古时制作竹简，用火烤青竹，使水分如汗渗出，便于书写，避免虫蛀。因此竹简又叫"汗青"。又因为竹简多用来记载史料，"汗青"一词被用以指代史册，如文天祥的名句："人生自古谁无死，留取丹心照汗青。"

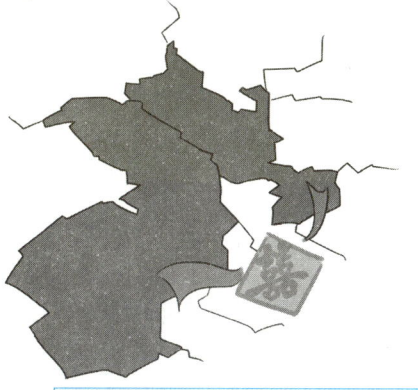

泛指两家联姻。

秦晋之好

探源 春秋时，秦晋两国君主数代通婚，后世因以"秦晋之好"指联姻婚配。元·乔孟符《两世姻缘》第三折："末将不才，便求小娘子以成秦晋之好，亦不玷辱了他，他如何便不相容。"

例句 随着他们两家关系的改善，陈三和张小梅说服双方父母同意他俩结婚，终于结为秦晋之好。

文化密码

自古以来，我国就是多民族的国家，联姻结盟在部族和诸侯国之间经常进行。通过和亲通婚，诸侯间、民族间的矛盾得以化解，双方的文化传统和行为习惯得以融合，极大地促进了社会经济的发展。春秋时，秦穆公为了实现霸业，迎娶了晋献公的女儿，为后来秦国称霸奠定基础。唐朝时，文成公主远嫁吐蕃松赞干布，加强了汉藏人民的友好关系。

15 成语游戏 妙趣横生

第一组
下面的成语都含有叠字，请将其补充完整。

安	安		
浑	浑		
纷	纷		
风	风		
孑	孑		
哼	哼		
鬼	鬼		
昏	昏		
花	花		
熙	熙		
日	日		

兢	兢		
唯	唯		
絮	絮		
影	影		
彤	彤		
浩	浩		
卿	卿		
轰	轰		
支	支		
沸	沸		
是	是		

		碌	碌
		懂	懂
		暮	暮
		白	白
		总	总
		虎	虎
		妈	妈
		正	正
		捏	捏
		恳	恳
		本	本

第二组
下面的成语都含有数字，请将其补充完整。

一		一	
一		一	
一		二	
一		二	
一		三	
一		十	
一		百	
一		千	
两		三	
三		二	
三		两	

三		五	
三		六	
四		五	
四		八	
四		八	
五		四	
五		六	
五		八	
五		十	
七		八	
七		八	

九		一	
九		一	
十		九	
十		十	
百		百	
百		百	
千		一	
千		百	
千		万	
万		一	
万		千	

第三组 将下面含有叠字的成语补充完整。

楚	楚		
鼎	鼎		
多	多		
咄	咄		
格	格		
耿	耿		
呱	呱		
赫	赫		
昏	昏		
岌	岌		
斤	斤		

井	井		
炯	炯		
踽	踽		
空	空		
夸	夸		
朗	朗		
历	历		
白	发		
白	雪		
波	光		
大	腹		

得	意		
风	度		
虎	视		
目	光		
气	势		
千	里		
人	才		
神	采		
生	机		
逃	之		
天	网		

第四组 将下面含有叠字的成语补充完整。

		无	几
		无	为
		日	上
		含	情
		之	音
		相	觑
		不	倦
		起	舞
		私	语
		来	迟
		玉	立

		相	关
		相	惜
		如	生
		善	诱
		自	得
		不	断
		有	词
		彬	彬
		事	事
		洋	洋
		翼	翼

		旦	旦
		勃	勃
		依	依
		楚	楚
		堂	堂
		纷	纷
		忡	忡
		袅	袅
		耿	耿
		睽	睽
		凿	凿

成语达人　北大才女陈更

闯关

第十六章
日月经天，江河行地

释义：日月在天空运转，江河在大地流淌。指自然界有规律的永恒的运动。也比喻永恒不变的事物。

探源：《后汉书·桓谭冯衍传》："其事昭昭，日月经天，江海带地，不足以比。"

· 第一关　牛刀小试 ·

1. 温故而知新，可以为师矣。（写出含有"新"字的成语。）

2. 敏于事而慎于言，就有道而正焉，可谓好学也已。（写出含有"正"字的成语。）

第二关　登堂入室

1. 大人者，不失其赤子之心者矣。（写出含有"子"字的成语。）

2. 博学而笃志，切问而近思。（写出含有"学"字的成语。）

· 第三关　炉火纯青 ·

1. 如月之恒，如日之升。如南山之寿，不骞不崩。（写出含有"山"字的成语。）

2. 饭疏食饮水，曲肱而枕之，乐亦在其中矣。（写出含有"中"字的成语。）

1. **得道者多助**。写出含有下面汉字的成语。

得

▶

道

▶

者

▶

多

▶

助

2. **春江花月夜**。写出含有下面汉字的成语。

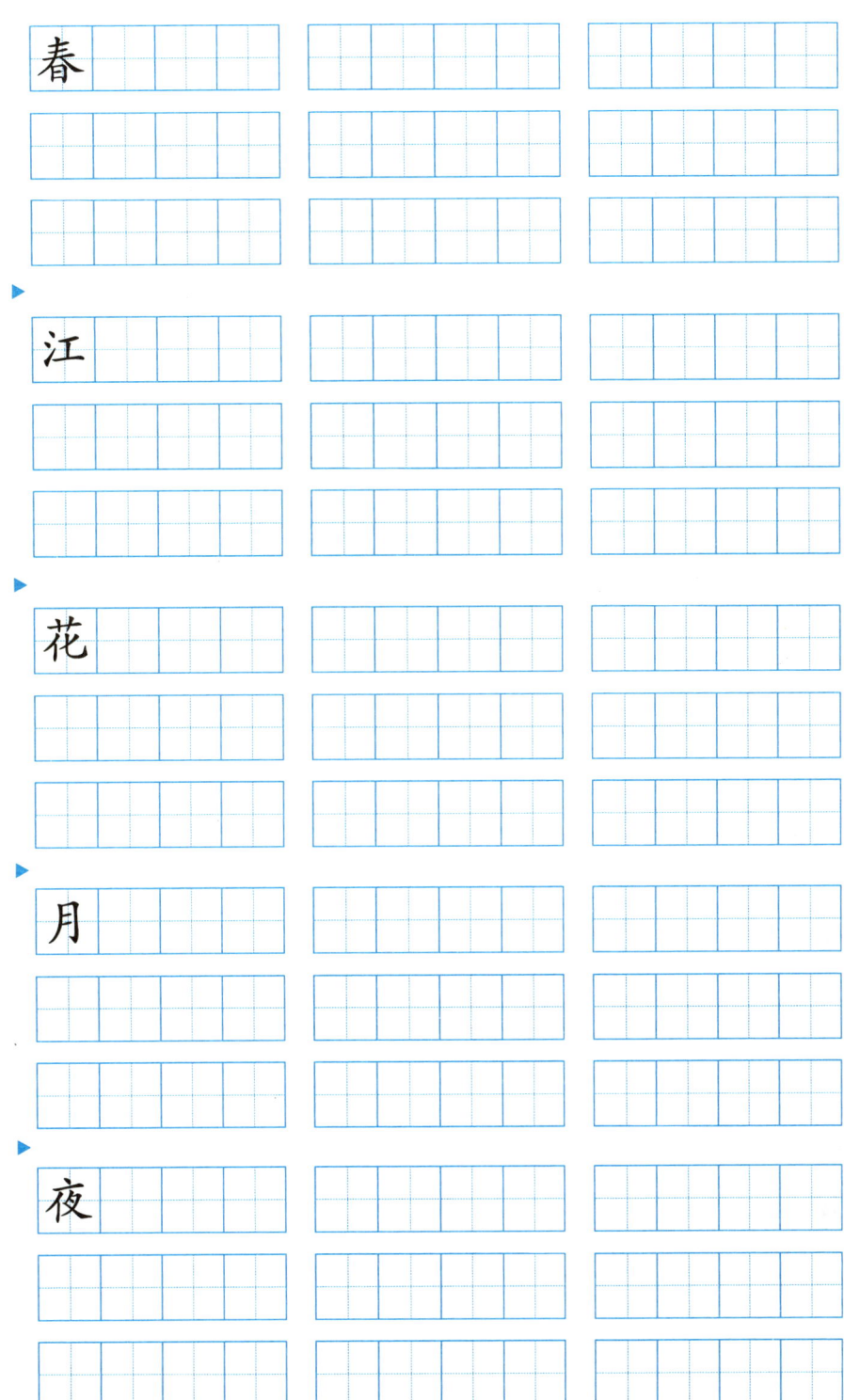

3. **仁义礼智信**。写出含有下面汉字的成语。

仁

▶

义

▶

礼

▶

智

▶

信

4. 金木水火土。写出含有下面汉字的成语。

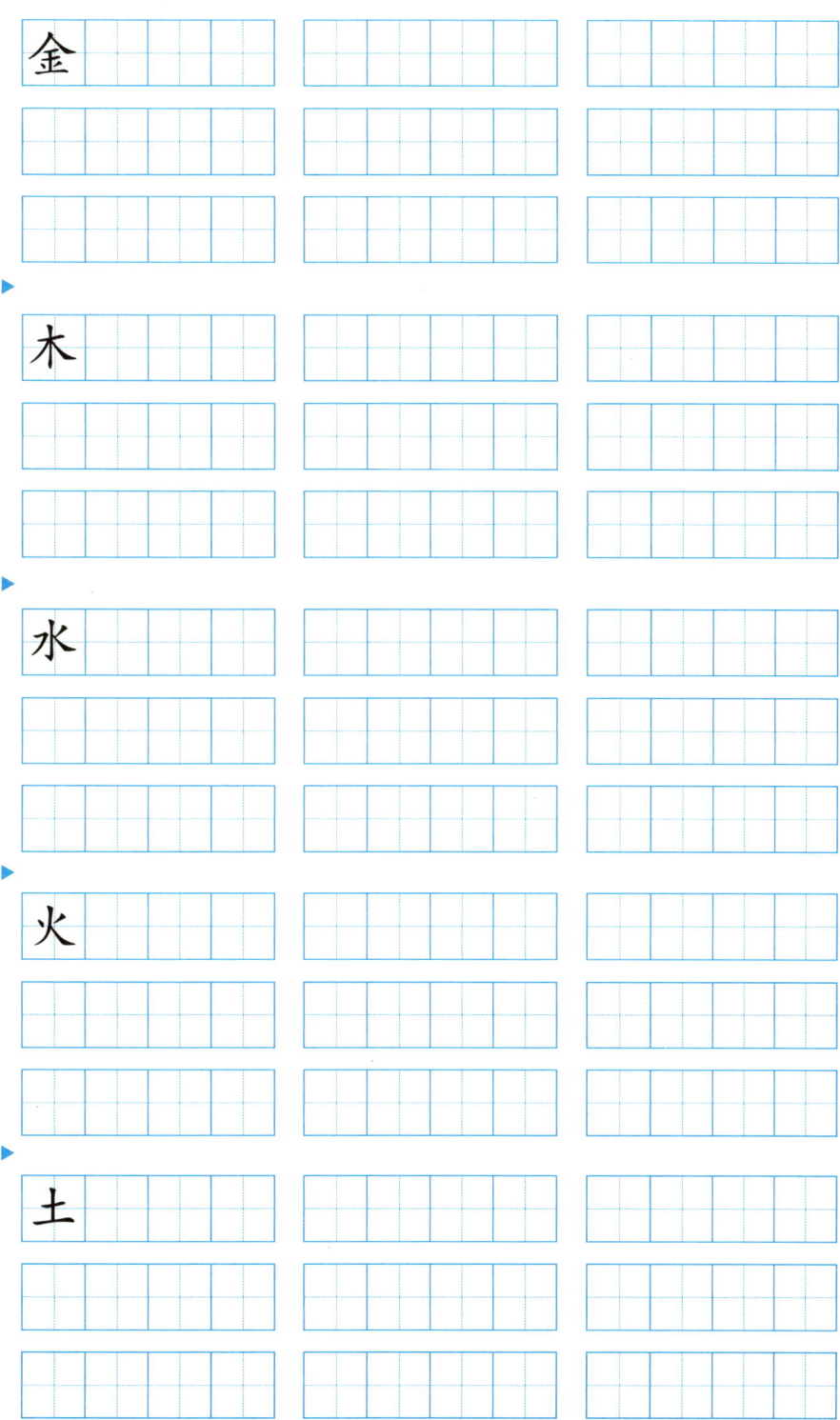

5. **好雨知时节**。写出含有下面汉字的成语。

好

▶

雨

▶

知

▶

时

▶

节

6. 志当存高远。写出含有下面汉字的成语。

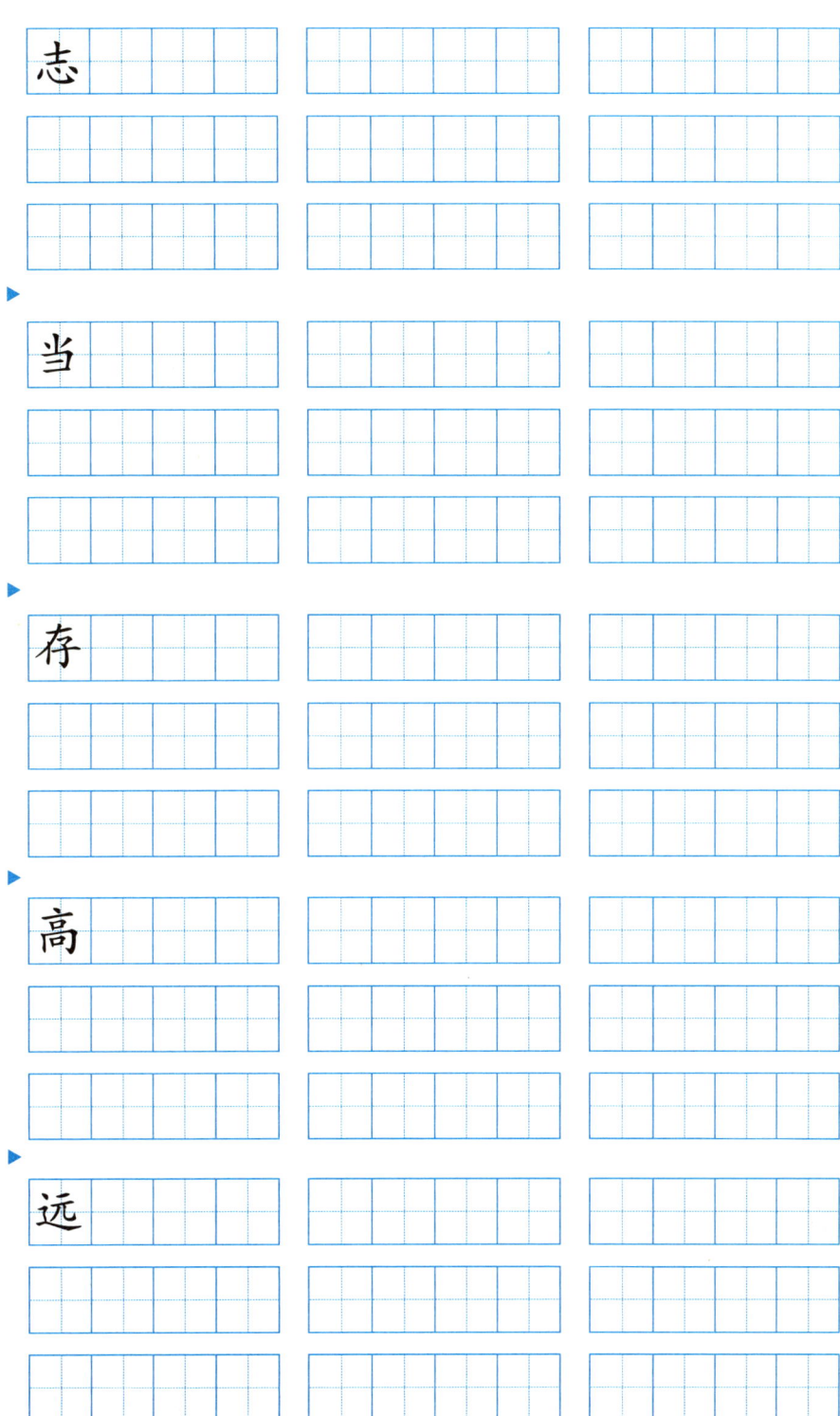

7. 在止于至善。 写出含有下面汉字的成语。

▶ 在

▶ 止

▶ 于

▶ 至

▶ 善

8. 写出含有下面汉字的成语。

(1) 我欲乘风归去,又恐琼楼玉宇,高处不胜寒。

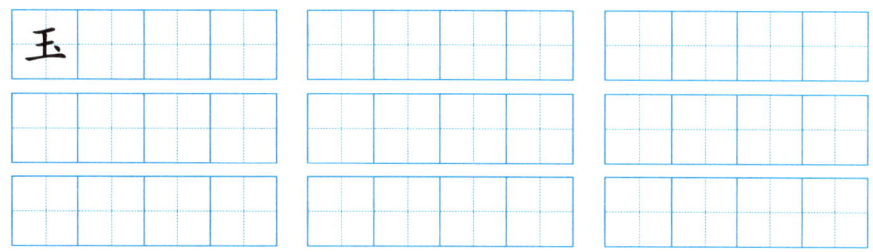

(2) 枯藤老树昏鸦,小桥流水人家,古道西风瘦马。

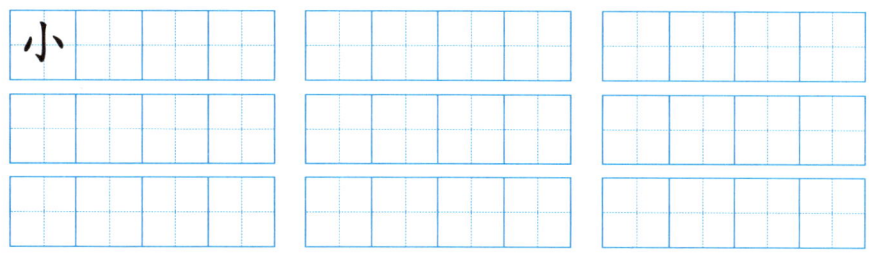

(3) 人生如梦,一樽还酹江月。

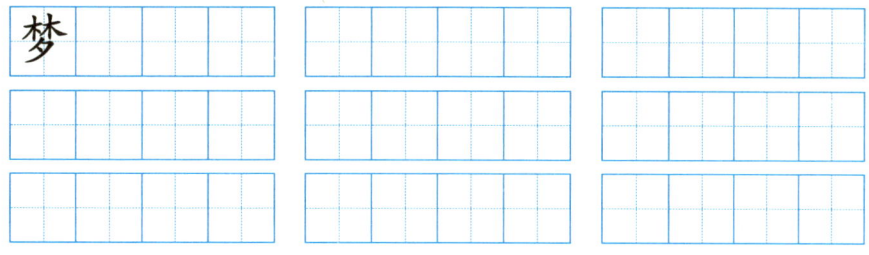

(4) 诗情画意,只在阑杆外。

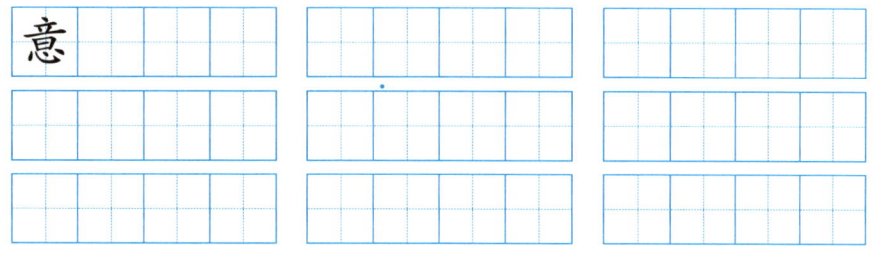

(5) 衣带渐宽终不悔,为伊消得人憔悴。

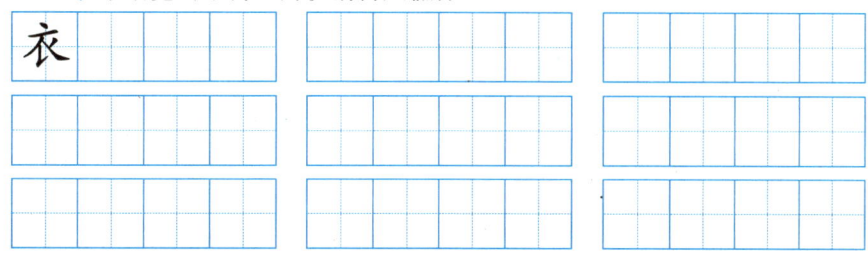

16 成语游戏 中西合璧

第一组 写出与英语成语意思相近的汉语成语。

1. Love me, love my dog.	
2. Kill two birds with one stone.	
3. After a storm comes a calm.	
4. A little spark kindles a great fire.	
5. A lazy youth, a lousy age.	
6. A good medicine tastes bitter.	
7. Beggars cannot be choosers.	
8. Behind bad luck comes good luck.	
9. Cats hide their paws.	
10. Constant dropping wears away a stone.	
11. Do in Rome as the Romans do.	
12. A word spoken is an arrow let fly.	
13. Look before you leap.	
14. A little leak will sink a great ship.	

第二组 写出与英语成语意思相近的汉语成语。

1. As you brew, so must you drink.	
2. He who lies down with dogs will rise with fleas.	
3. A nod is as good as a wink to a blind horse.	
4. As a man sows, so he shall reap.	
5. A fly in the ointment.	
6. Walls have ears.	
7. Too much is as bad as too little.	
8. May all your wish come true.	
9. Teach students according to their aptitude.	
10. A slow sparrow should make an early start.	
11. The country flourishes and people live in peace.	
12. Throw a sprat to catch a whale.	
13. A happy heart makes a blooming visage.	
14. By other's faults, wise men correct their own.	

成语英雄 不死鸟丁永楷

水落石出

参考答案

第一章 千里之行 始于足下

第一关 牛刀小试

1. 满载而归 2. 鱼龙混杂 3. 垂头丧气 4. 日夜兼程

第二关 登堂入室

1. 耳听为虚，眼见为实 2. 崇山峻岭 3. 少壮不努力，老大徒伤悲 4. 废寝忘食
5. 久旱逢甘霖

第三关 炉火纯青

1. 百尺竿头，更进一步 2. 大材小用 3. 多多益善 4. 姜太公钓鱼，愿者上钩 5. 铁面无私

成语游戏：名副其实

第一组

1. 负荆请罪——廉颇　　河东狮吼——陈季常　　投笔从戎——班超　　韦编三绝——孔子
2. 望梅止渴——曹操　　七步之才——曹植　　完璧归赵——蔺相如　　卧薪尝胆——勾践
3. 闻鸡起舞——祖逖　　江郎才尽——江淹　　一字千金——吕不韦　　入木三分——王羲之
4. 纸上谈兵——赵括　　刮目相看——吕蒙　　破釜沉舟——项羽　　凿壁偷光——匡衡
5. 东山再起——谢安　　暗度陈仓——韩信　　鞠躬尽瘁——诸葛亮　　草木皆兵——苻坚

第二组

1. 图穷匕见——荆轲　　洛阳纸贵——左思　　不为五斗米折腰——陶渊明
   讳疾忌医——蔡桓公
2. 三顾茅庐——刘备　　一身是胆——赵云　　高山流水——伯牙、钟子期
   梦笔生花——李白
3. 乐不思蜀——刘禅　　一鼓作气——曹刿　　悬梁刺股——孙敬、苏秦　　约法三章——刘邦
4. 背水一战——韩信　　精忠报国——岳飞　　鸡鸣狗盗——孟尝君　　前度刘郎——刘禹锡
5. 指鹿为马——赵高　　口蜜腹剑——李林甫　　围魏救赵——孙膑　　举案齐眉——孟光

第二章 星星之火，可以燎原

第一关 牛刀小试

1. 左邻右舍 2. 取长补短 3. 光阴似箭 4. 开门见山

第二关 登堂入室

1. 降龙伏虎 2. 胸有成竹 3. 千里送鹅毛 4. 鸟语花香 5. 龙飞凤舞

第三关 炉火纯青

1. 老马识途 2. 淡妆浓抹 3. 苟延残喘 4. 夜以继日 5. 哄堂大笑

成语游戏：求同存异

第一组：

成　语	近义成语	反义成语
拔刀相助	见义勇为	袖手旁观
天衣无缝	完美无缺	漏洞百出
按图索骥	照本宣科	不落窠臼
南辕北辙	背道而驰	殊途同归
雪中送炭	扶危济困	落井下石

成　语	近义成语	反义成语
水落石出	尘埃落定	扑朔迷离
鸟尽弓藏	过河拆桥	知恩图报
举世无双	绝无仅有	比比皆是
推波助澜	煽风点火	息事宁人
虎头蛇尾	有始无终	善始善终

成　语	近义成语	反义成语
爱财如命	一毛不拔	挥金如土
标新立异	独树一帜	陈陈相因
见利忘义	利令智昏	舍生取义
鼠目寸光	坐井观天	高瞻远瞩
藕断丝连	拖泥带水	一刀两断
孤掌难鸣	独木难支	众志成城

第二组：

惊心动魄	伤天害理	装模作样
生龙活虎	捕风捉影	追根究底
狂风暴雨	平心静气	幸灾乐祸
满山遍野	见多识广	通情达理
翻江倒海	察言观色	丰功伟绩
唉声叹气	高瞻远瞩	豪言壮语
星罗棋布	调兵遣将	添油加醋
道听途说	旁敲侧击	高楼大厦
酒囊饭袋	深思远虑	无忧无虑
咬文嚼字	真凭实据	风驰电掣
山崩地裂	灵丹妙药	海阔天空
日积月累	凶神恶煞	甜言蜜语
心灵手巧	心满意足	心旷神怡
欢蹦乱跳	崇山峻岭	感恩戴德
风平浪静	惊涛骇浪	精雕细刻

第三组：

出神入化	古往今来	以攻为守
来龙去脉	朝令夕改	前呼后拥
浓妆淡抹	今非昔比	东倒西歪
有恃无恐	同床异梦	前因后果
转危为安	改邪归正	公报私仇
弄巧成拙	惹是生非	厚此薄彼
顾此失彼	弄巧成拙	苦尽甘来
弃暗投明	远亲近邻	积少成多
自始至终	前赴后继	半信半疑
逢凶化吉	先来后到	转危为安
舍己为人	若隐若现	由此及彼
大公无私	反败为胜	神出鬼没
走南闯北	弃旧图新	好逸恶劳
取长补短	以逸待劳	寒来暑往
大材小用	拈轻怕重	悲欢离合

第三章 知己知彼，百战不殆

第一关 牛刀小试
1. 七嘴八舌 2. 女娲补天 3. 八仙过海 4. 画龙点睛

第二关 登堂入室
1. 如虎添翼 2. 调虎离山 3. 骑虎难下 4. 照猫画虎 5. 池鱼笼鸟

第三关 炉火纯青
1. 了如指掌 2. 风烛残年 3. 窈窕淑女 4. 一叶扁舟 5. 不可救药

成语游戏：风霜雨雪

第一组
山　泰山北斗　海誓山盟　山重水复　▶ 前方山重水复，路途尚远，真不知何时可以到达。

河　海晏河清　暴虎冯河　口若悬河
　　▶ 身为将军，切不可暴虎冯河，有勇无谋，令战士白白地牺牲。

湖　湖光山色　五湖四海　襟江带湖　▶ 杭州城湖光山色，风景怡人。

海　沧海一粟　沧海桑田　精卫填海　▶ 地球在广袤的宇宙中，不过是沧海一粟。

江　江山如画　过江之鲫　江河日下
　　▶ 来北京求发展的书画家多如过江之鲫，竞争非常激烈。

天　石破天惊　杞人忧天　经天纬地　▶ 这人实在有经天纬地之才啊！

地　画地为牢　人杰地灵　洞天福地　▶ 天府之国，钟灵毓秀，人杰地灵。

日　夸父追日或夸父逐日　日落西山　如日中天
　　▶ 一些传统工艺随时间的流逝渐渐衰落，显出日落西山的暮气。

月　镜花水月　七月流火　闭月羞花　▶ 一梦成空，仿佛镜花水月，让他唏嘘不已。

星　寥若晨星　斗转星移　披星戴月
　　▶ 有人说，这个时代，学术大师寥若晨星，江湖"大师"人才辈出。

第二组
阴　阴差阳错　阳奉阴违　阴阳怪气　▶ 因为心里不痛快，他说话总是阴阳怪气的。

晴　雨过天晴　晴天霹雳　人间重晚晴　▶ 云开雾散，雨过天晴，阳光洒满了院子。

雨　甘雨随车　风雨如晦　未雨绸缪　▶ 我们必须未雨绸缪，及时采取措施，减少负面影响。

雪　雪中送炭　程门立雪　傲雪欺霜　▶ 锦上添花，不如雪中送炭。

风　栉风沐雨　风烛残年　高风亮节
　　▶ 这里明清古建筑很多，但大都已如风烛残年的老者，七倒八歪，衰败不堪。

霜　风霜雨雪　六月飞霜　雪上加霜
　　▶ 这些女交警都是历经风霜雨雪而长开不败的高贵兰花。

春　妙手回春　春风化雨　春华秋实　▶ 刘老师对同学们的关爱犹如春风化雨，润物无声。

夏　夏雨雨人　春生夏长　夏虫不可语冰
　　▶ 他的眼光过于短浅，真是夏虫不可语冰。

秋　一日三秋　一叶知秋　明察秋毫
　　▶ 出门在外，思家心切，真是一日三秋，恨不能插翅而归。

冬　秋收冬藏　冬温夏清　冬日可爱
　　▶ 古人形容"冬日可爱，夏日可畏"，冬日的阳光总是给人温暖舒适的感觉。

第四章　八仙过海，各显神通

第一关　牛刀小试
1. 腾云驾雾　2. 山崩地裂　3. 望子成龙　4. 倾盆大雨

第二关　登堂入室
1. 衣衫褴褛　2. 虎背熊腰　3. 狼吞虎咽　4. 运筹帷幄　5. 讳疾忌医

第三关　炉火纯青
1. 张冠李戴　2. 伯牙绝弦　3. 高山流水　4. 笔走龙蛇　5. 鸿鹄将至

成语游戏：探本寻源

第一组
1. 买椟还珠　2. 掩耳盗铃　3. 指鹿为马　4. 凿壁偷光　5. 老马识途
6. 塞翁失马　7. 狐假虎威　8. 朝三暮四

第二组
1. 闻过则喜　2. 同流合污　3. 游刃有余　4. 白驹过隙　5. 一鸣惊人　6. 愚不可及
7. 尽善尽美　8. 举一反三　9. 当仁不让　10. 曾经沧海　11. 出尔反尔　12. 当务之急
13. 岌岌可危　14. 妻离子散　15. 一毛不拔　16. 自暴自弃

第五章　精诚所至，金石为开

第一关　牛刀小试
1. 藕断丝连　2. 愚公移山　3. 抓耳挠腮　4. 鹤立鸡群

第二关　登堂入室
1. 水火不相容　2. 日出而作，日落而息　3. 震耳欲聋　4. 众星捧月
5. 充耳不闻

第三关　炉火纯青
1. 甘瓜苦蒂　2. 驴唇不对马嘴　3. 九天揽月　4. 司空见惯　5. 舍本逐末

成语游戏：名动天下

第一组
1. 江郎才尽　2. 事后诸葛亮　3. 毛遂自荐　4. 项庄舞剑，意在沛公
5. 名落孙山　6. 东施效颦　7. 叶公好龙　8. 成也萧何，败也萧何
9. 班马文章　10. 郊寒岛瘦　11. 萧规曹随　12. 季布一诺　13. 房谋杜断
14. 管宁割席　15. 燕瘦环肥　16. 女娲补天　17. 再作冯妇

第二组

隋见素（见素抱朴）	龚自珍（敝帚自珍）	胡慧中（秀外慧中）	张含英（含英咀华）
刘海粟（沧海一粟）	张大千（大千世界）	杜鹏程（鹏程万里）	张映雪（映雪囊萤）
任贤齐（见贤思齐）	周树人（百年树人）	林一鸣（一鸣惊人）	程泰来（否极泰来）
徐特立（特立独行）	叶知秋（一叶知秋）	陈中绳（木直中绳）	卢卓群（卓尔不群）
陈呈祥（龙凤呈祥）	成　龙（望子成龙）	杨逢春（枯木逢春）	宋姗姗（姗姗来迟）
刘玉成（玉成其事）	白乐山（乐山乐水）	赵扬名（显亲扬名）	杜凌云（凌云壮志）
张图强（奋发图强）	李克勤（克勤克俭）	平步青（平步青云）	马成功（马到成功）
万籁鸣（万籁俱寂）	蔡明远（高明远识）	谢江山（江山如画）	刘春晖（寸草春晖）
陈人杰（人杰地灵）	于立群（鹤立鸡群）	李宏图（宏图伟业）	赵伟业（宏图伟业）
程思源（饮水思源）	陶成章（顺理成章）	刘青山（青山绿水）	高满堂（金玉满堂）
王安石（安如磐石）	毛致用（学以致用）	张燕语（莺歌燕语）	杨质彬（文质彬彬）

第六章　有则改之，无则加勉

第一关　牛刀小试
1. 大闹天宫　2. 一针见血　3. 轻于鸿毛　4. 酸甜苦辣

第二关　登堂入室
1. 乌云压顶　2. 杯水车薪　3. 高不可攀　4. 神机妙算　5. 张灯结彩

第三关　炉火纯青
1. 煮豆燃萁　2. 万马齐喑　3. 秉烛夜游　4. 逝者如斯　5. 老骥伏枥

成语游戏：触类旁通

第一组

1. 捉（襟）见肘　　　　出师未捷身先死，长使英雄泪满㊉襟㊉。
2. （豆）（蔻）年华　　娉娉袅袅十三余，㊉豆㊉㊉蔻㊉梢头二月初。
3. 一（鼓）作气　　　　箫㊉鼓㊉追随春社近，衣冠简朴古风存。
4. 岁（寒）三友　　　　晓镜但愁云鬓改，夜吟应觉月光㊉寒㊉。
5. （锦）囊妙计　　　　㊉锦㊉瑟无端五十弦，一弦一柱思华年。
6. 金（蝉）脱壳　　　　倚杖柴门外，临风听暮㊉蝉㊉。
7. （落）（花）流水　　正是江南好风景，㊉落㊉㊉花㊉时节又逢君。
8. 一诺（千）（金）　　天生我材必有用，㊉千㊉㊉金㊉散尽还复来。

9. 望穿（秋）（水）　　寒山转苍翠，㊙㊙日潺湲。
10. 寸草春（晖）　　　树树皆秋色，山山唯落㊙。
11. 水到（渠）成　　　问㊙那得清如许，为有源头活水来。
12. 进退两（难）　　　将军角弓不得控，都护铁衣冷㊙着。
13. （百）（年）树人　万里悲秋常作客，㊙㊙多病独登台。
14. （青）（山）绿水　绿树村边合，㊙㊙郭外斜。

第二组

1. （缘）木求鱼　　　花径不曾㊙客扫，蓬门今始为君开。
2. 萍水（相）（逢）　马上㊙㊙无纸笔，凭君传语报平安。
3. 和光同（尘）　　　渭城朝雨浥轻㊙，客舍青青柳色新。
4. （明）（镜）高悬　君不见，高堂㊙㊙悲白发，朝如青丝暮成雪。
5. （青）（梅）竹马　郎骑竹马来，绕床弄㊙㊙。
6. 世外（桃）（源）　莫学武陵人，暂游㊙㊙里。
7. （白）（驹）过隙　皎皎㊙㊙，在彼空谷。
8. （梨）（花）带雨　玉容寂寞泪阑干，㊙㊙一枝春带雨。
9. 咫尺（天）（涯）　海上生明月，㊙㊙共此时。
10. 一（丝）不苟　　　春蚕到死㊙方尽，蜡炬成灰泪始干。
11. （芒）（刺）在背　外布芳菲虽笑日，中含㊙㊙欲伤人。
12. （走）（马）观花　黄尘清水三山下，更变千年如㊙㊙。
13. 谈笑（风）（生）　荷香清露坠，柳动好㊙㊙。
14. 心（照）不宣　　　明月松间㊙，清泉石上流。

第七章　百尺竿头，更进一步

第一关　牛刀小试
1. 自相矛盾　2. 开天辟地　3. 喜怒哀乐　4. 百花齐放

第二关　登堂入室
1. 千钧一发　2. 重于泰山　3. 鱼贯而入　4. 龙腾虎跃　5. 龙凤呈祥

第三关　炉火纯青
1. 士别三日，刮目相待　2. 高视阔步　3. 面面相觑　4. 味同嚼蜡　5. 黄发垂髫

成语游戏：火眼金睛

第一组

（跬）步千里	兰（桂）齐芳
筚路（蓝）缕	竹（篮）打水
曲突（徙）薪	（徒）有虚名
（班）荆道故	可见一（斑）
越（俎）代庖	数典忘（祖）
独占（鳌）头	桀（骜）不驯
（焕）然一新	变（幻）莫测
危如（累）卵	如（雷）贯耳
能言善（辩）	明（辨）是非
穷（寇）莫追	（扣）人心弦
（铩）羽而归	（煞）费苦心
（孑）然一身	（洁）身自好
（骇）人听闻	放浪形（骸）
颠（沛）流离	成龙（配）套
（厉）兵秣马	（励）精图治
粗制（滥）造	波（澜）壮阔

第二组

（画）地为牢	春风（化）雨
（亭）（亭）玉立	袅袅（婷）（婷）
良（莠）不齐	（优）哉（游）哉
集（腋）成裘	琼浆玉（液）
焚膏继（晷）	（咎）由自取
（措）手不及	抑扬顿（挫）
无微不（至）	淋漓尽（致）
吴下阿（蒙）	（懵）（懵）懂懂
（讳）疾忌医	秀外（慧）中
反求（诸）己	见微知（著）
雕（梁）画栋	黄（粱）一梦
（槁）木死灰	齐纨鲁（缟）
巧舌如（簧）	冠冕堂（皇）
（苌）弘化碧	为虎作（伥）
万（籁）俱寂	百无聊（赖）
万马齐（喑）	（黯）然销魂
（判）若云泥	众（叛）亲离

第八章 前事不忘，后事之师

第一关 牛刀小试

1. 夜不能寐 2. 火上浇油 3. 早出晚归 4. 打草惊蛇

第二关 登堂入室

1. 有眼不识泰山 2. 瓜熟蒂落 3. 小桥流水 4. 覆水难收 5. 对酒当歌

第三关 炉火纯青

1. 案牍劳形 2. 船到江心补漏迟 3. 汗马功劳 4. 环堵萧然 5. 高处不胜寒

成语游戏：明辨是非

第一组

1. 涸辙之鲋（☺） 2. 哀丝豪竹（☹） 3. 七月流火（☺） 4. 古稀之年（☺）
5. 明察秋毫（☺） 6. 己所不欲，勿施于人（☺） 7. 皓首穷经（☺） 8. 登堂入室（☺） 9. 沉鱼落雁（☺） 10. 凤毛麟角（☺） 11. 羚羊挂角（☺）
12. 美轮美奂（☺）

第二组

1. 鹤发鸡皮（☺） 2. 茕茕子立（☹） 3. 风声鹤唳（☺） 4. 褐衣蔬食（☺）
5. 风流蕴藉（☺） 6. 泾渭分明（☺） 7. 前倨后恭（☺） 8. 前度刘郎（☺）
9. 口吐珠玑（☺） 10. 炉火纯青（☺） 11. 既往不咎（☺） 12. 弃甲曳兵（☺）
13. 离群索居（☺）

第九章 失之东隅，收之桑榆

第一关 牛刀小试

1. 一马当先 2. 汗流浃背 3. 斩钉截铁 4. 牛郎织女

第二关 登堂入室

1. 高枕无忧 2. 嗟来之食 3. 一拍即合 4. 唱念做打 5. 狂风暴雨

第三关 炉火纯青

1. 醉翁之意不在酒 2. 觥筹交错 3. 长风破浪 4. 高朋满座 5. 标新立异

成语游戏：浮想联翩

第一组

1. 杵臼之交 2. 莫须有 3. 坐拥百城 4. 魑魅魍魉 5. 牛角挂书
6. 否极泰来 7. 三教九流 8. 见贤思齐 9. 老死不相往来 10. 梅妻鹤子

第二组

1. 亢龙有悔 2. 暗送秋波 3. 天字第一号 4. 约法三章 5. 耳顺之年
6. 峰回路转 7. 满腹经纶 8. 大家闺秀 9. 二桃杀三士 10. 萧规曹随

第十章 桃李不言，下自成蹊

第一关 牛刀小试

1. 两肋插刀 2. 腰缠万贯 3. 返老还童 4. 量体裁衣

第二关 登堂入室

1. 海市蜃楼 2. 卷土重来 3. 石破天惊 4. 秋风扫落叶 5. 惟妙惟肖

第三关 炉火纯青

1. 秋毫无犯 2. 人为刀俎，我为鱼肉 3. 涕泗交流 4. 一鸣惊人 5. 举一反三

成语游戏：缀玉连珠

第一组

两袖清（风）	妙笔生（花）	雪泥（鸿）爪	月明星（稀）	▶ 风花雪月
一（衣）带水	（叶）公好龙	（格）物致知	春华（秋）实	▶ 一叶知秋
青出于（蓝）	望（梅）止渴	（罄）竹难书	（蛛）（丝）马迹	▶ 青梅竹马
目瞪口（呆）	上善若（水）	（移）花接木	鸡鸣狗（盗）	▶ 呆若木鸡
礼（尚）往来	见（贤）思齐	下里（巴）人	壮士断（腕）	▶ 礼贤下士
玉（汝）于成	火（树）银花	（临）渊羡鱼	空（穴）来风	▶ 玉树临风
对牛（弹）（琴）	（怒）发冲冠	相形见（绌）	（普）天同庆	▶ 弹冠相庆
望洋兴（叹）	步步为（营）	（袖）手旁观	饮（鸩）止渴	▶ 叹为观止

第二组

| 如火如（荼） | （沉）鱼（落）雁 | 相得益（彰） | 车（水）马龙 | ▶ 如鱼得水 |
| 破镜重（圆） | 雾里看（花） | （覆）水难收 | 披星（戴）月 | ▶ 镜花水月 |

钟灵（毓）秀	（节）外生枝	拾（人）牙慧	管中窥（豹）	▶ 秀外慧中
明日（黄）花	回眸一（笑）	皓首穷（经）	唇亡齿（寒）	▶ 明眸皓齿
千（载）难逢	南山（可）移	群山（万）壑	行云流（水）	▶ 千山万水
南柯一（梦）	字正腔（圆）	泰山北（斗）	陈词（滥）（调）	▶ 南腔北调
画（饼）充饥	（卧）虎藏龙	蜻蜓（点）水	火眼金（睛）	▶ 画龙点睛
温文尔（雅）	一见（如）故	冷暖自（知）	喜新（厌）旧	▶ 温故知新

第十一章 十步之内，必有芳草

第一关 牛刀小试

1. 放虎归山 2. 画饼充饥 3. 举棋不定 4. 哭笑不得

第二关 登堂入室

1. 天涯海角 2. 人去楼空 3. 海誓山盟 4. 鸣锣开道 5. 沧海桑田

第三关 炉火纯青

1. 信誓旦旦 2. 桃李不言，下自成蹊 3. 杯盘狼藉 4. 一日千里 5. 束之高阁

成语游戏：诗意盎然

第一组

1. 折戟沉沙 2. 巴山夜雨 3. 红袖添香 4. 响遏行云 5. 天长地久 6. 万紫千红

第二组

1. 秋月春风 2. 千呼万唤 3. 曾经沧海 4. 春风得意 5. 一掷千金 6. 粉身碎骨

第三组

1. 老骥伏枥 2. 心有灵犀 3. 不拘一格 4. 柳暗花明 5. 别有天地 6. 怒发冲冠

第四组

1. 奴颜婢膝 2. 无可奈何 3. 人面桃花 4. 曲径通幽 5. 悲欢离合 6. 山回路转

第十二章 他山之石，可以攻玉

第一关 牛刀小试

1. 学富五车 2. 粗枝大叶 3. 思如泉涌 4. 狗急跳墙

第二关 登堂入室

1. 孤军奋战 2. 弱肉强食 3. 袖手旁观 4. 不为五斗米折腰 5. 燕雀安知鸿鹄之志

第三关 炉火纯青

1. 中流砥柱 2. 乳臭未干 3. 鹏程万里 4. 纸上谈兵 5. 明修栈道，暗度陈仓

成语游戏：雕玉双联

第一组

守株待兔	缘木求鱼		南征北战	东讨西伐
望梅止渴	画饼充饥		茂林修竹	崇山峻岭
卸磨杀驴	过河拆桥		愚公移山	精卫填海
绳锯木断	水滴石穿		趁火打劫	浑水摸鱼
沉鱼落雁	闭月羞花		承前启后	继往开来
引狼入室	调虎离山		水落石出	图穷匕见
狗仗人势	狐假虎威		按图索骥	顺藤摸瓜
偷梁换柱	移花接木		四分五裂	七零八碎
山清水秀	花好月圆		节衣缩食	省吃俭用
赫赫有名	默默无闻		趾高气扬	眉飞色舞
流芳百世	遗臭万年		小题大做	大材小用
雪中送炭	锦上添花		弃暗投明	改邪归正
夙兴夜寐	早出晚归		刀山火海	枪林弹雨

第二组

国泰民安逢盛世	风调雨顺颂华年
欢天喜地度佳节	张灯结彩迎新春
五湖四海皆春色	万水千山尽得辉
春风化雨山山翠	国策归心处处春
两袖清风，造福大众	一身正气，振兴中华
万紫千红，九州两岸思一统	五光十色，四面八方贺三春
桃红柳绿，燕舞莺歌，爆竹烟花迎盛世	海晏河清，年丰人寿，欢歌曼舞庆新春

第三组

有志者，事竟成，破釜沉舟，百二秦关终属楚	苦心人，天不负，卧薪尝胆，三千越甲可吞吴
大义参天，秉烛达旦	精忠报国，怒发冲冠
刚日读经，柔日读史	十年树木，百年树人
众志成城，众擎易举	百花齐放，百家争鸣
熟视无睹，诸君尽管贪污作弊	有口难言，我辈何须民主自由
异代不同时，问如此江山，龙腾虎跃几诗客	先生亦流寓，有长留天地，月白风清一草堂
清风明月本无价	近水遥山皆有情

第十三章 流水不腐，户枢不蠹

第一关 牛刀小试
1. 势如破竹 2. 飞蛾扑火 3. 形单影只 4. 穿针引线

第二关 登堂入室
1. 粗中有细 2. 戴高帽子 3. 断壁残垣 4. 如坐针毡 5. 叶落归根

第三关 炉火纯青
1. 席卷天下 2. 传道授业 3. 羽扇纶巾 4. 冯唐易老 5. 失之东隅，收之桑榆

成语游戏：虎踞龙盘

第一组
1. 花天酒地 2. 荒诞不经 3. 月明星稀 4. 老态龙钟 5. 屈指可数
6. 恨之入骨 7. 丑态毕露 8. 白头偕老 9. 天伦之乐 10. 水火不容
11. 发愤图强 12. 地大物博 13. 日理万机 14. 尽善尽美 15. 足智多谋

第二组
1. 国计民生 2. 花甲之年 3. 乐于助人 4. 得意门生 5. 生离死别
6. 眼高手低 7. 四面楚歌 8. 论功行赏 9. 明若观火 10. 飞黄腾达
11. 志同道合 12. 华而不实 13. 移花接木 14. 落叶归根 15. 见义勇为

第三组
1. 信口开河 2. 若有若无 3. 山崩地裂 4. 轻歌曼舞 5. 黔驴技穷
6. 舍己为人 7. 貌合神离 8. 叹为观止 9. 善罢甘休 10. 吉祥如意
11. 生生不息 12. 天马行空 13. 步步为营 14. 宝刀不老 15. 钟灵毓秀

第四组
1. 金玉良言 2. 光彩夺目 3. 打草惊蛇 4. 杯弓蛇影 5. 余音绕梁
6. 子虚乌有 7. 刀枪不入 8. 业精于勤 9. 九五之尊 10. 道听途说
11. 千依百顺 12. 和而不同 13. 求仁得仁 14. 嫌贫爱富 15. 舍近求远

第十四章 老骥伏枥，志在千里

第一关 牛刀小试
1. 隔墙有耳 2. 木已成舟 3. 咬文嚼字 4. 引狼入室

第二关 登堂入室
1. 引颈受戮 2. 杯酒释兵权 3. 星火燎原 4. 绿草如茵 5. 尊老爱幼

第三关 炉火纯青
1. 祸起萧墙 2. 此地无银三百两 3. 万事俱备，只欠东风 4. 疾风知劲草 5. 瓜田李下

成语游戏：诗情画意（答案供参考，不局限于以下成语。）

第一组
1.《蒙娜丽莎》 巧笑倩兮、宛然一笑、耐人寻味、嫣然一笑、价值连城
2.《焦裕禄》 齐心协力、同甘共苦、身先士卒、有脚阳春、热火朝天
3.《八骏图》 马到成功、马不停蹄、栩栩如生、惟妙惟肖、万马奔腾

第二组
1.《父亲》 胼手胝足、艰苦朴素、饱经风霜、饱经沧桑、含辛茹苦
2.《清明上河图》 车水马龙、摩肩接踵、栩栩如生、熙熙攘攘、安居乐业
3.《伏尔加河上的纤夫》 蓬头垢面、衣衫褴褛、汗流浃背、齐心协力、烈日炎炎

第十五章 仁者见仁，智者见智

第一关 牛刀小试
1. 拔苗助长 2. 隔岸观火 3. 金蝉脱壳 4. 九牛一毛

第二关 登堂入室
1. 沧海一粟 2. 守株待兔 3. 插翅难飞 4. 义薄云天 5. 望梅止渴

第三关 炉火纯青
1. 老当益壮 2. 功亏一篑 3. 退避三舍 4. 功垂竹帛 5. 步人后尘

成语游戏：趣味盎然

第一组

安安稳稳	兢兢业业	忙忙碌碌
浑浑噩噩	唯唯诺诺	懵懵懂懂
纷纷扬扬	絮絮叨叨	朝朝暮暮
风风火火	影影绰绰	明明白白
子子孙孙	形形色色	林林总总
哼哼唧唧	浩浩荡荡	马马虎虎
鬼鬼祟祟	卿卿我我	婆婆妈妈
昏昏沉沉	轰轰烈烈	堂堂正正
花花绿绿	支支吾吾	扭扭捏捏
熙熙攘攘	沸沸扬扬	勤勤恳恳
日日夜夜	是是非非	原原本本

第二组

一唱一和	三令五申	九死一生
一心一意①	三头六臂	九牛一毛
一干二净	四分五裂	十拿九稳
一清二白	四通八达	十全十美
一波三折	四平八稳	百发百中
一曝十寒	五湖四海	百战百胜③
一呼百应	五颜六色	千钧一发④
一落千丈	五花八门	千锤百炼⑤
两面三刀	五光十色	千变万化⑥
三心二意	七上八下	万无一失⑦
三长两短②	七手八脚	万紫千红

注：①一心一意（或一草一木）；②三长两短（或三言两语）；③百战百胜（或百依百顺）；④千钧一发（或千篇一律）；⑤千锤百炼（或千方百计、千奇百怪、千姿百态）；⑥千变万化（或千军万马、千秋万代、千山万水、千丝万缕、千头万绪、千辛万苦、千言万语、千真万确）；⑦万无一失（或万众一心）。

第三组

楚楚动人	井井有条	得意扬扬
鼎鼎有名	炯炯有神	风度翩翩
多多益善	踽踽独行	虎视眈眈
咄咄逼人	空空如也	目光炯炯
格格不入	夸夸其谈	气势汹汹
耿耿于怀	朗朗上口	千里迢迢
呱呱坠地	历历在目	人才济济
赫赫有名	白发苍苍	神采奕奕
昏昏欲睡	白雪皑皑	生机勃勃
岌岌可危	波光粼粼	逃之夭夭
斤斤计较	大腹便便	天网恢恢

第四组

寥寥无几	息息相关	信誓旦旦
碌碌无为	惺惺相惜	兴致勃勃
蒸蒸日上	栩栩如生	杨柳依依
脉脉含情	循循善诱	衣冠楚楚
靡靡之音	扬扬自得	仪表堂堂
面面相觑	源源不断	议论纷纷
孜孜不倦	振振有词	忧心忡忡
翩翩起舞	文质彬彬	余音袅袅
窃窃私语	无所事事	忠心耿耿
姗姗来迟	喜气洋洋	众目睽睽
亭亭玉立	小心翼翼	言之凿凿

第十六章 日月经天，江河行地

第一关 牛刀小试
略

第二关 登堂入室
略

第三关 炉火纯青
略

成语游戏：中西合璧

第一组

1. 爱屋及乌 2. 一石二鸟（或一箭双雕） 3. 雨过天晴 4. 星星之火，可以燎原 5. 少壮不努力，老大徒伤悲 6. 良药苦口（或忠言逆耳） 7. 饥不择食 8. 否极泰来（或塞翁失马，焉知非福） 9. 韬光养晦（或大巧若拙） 10. 水滴石穿 11. 入乡随俗 12. 一言既出，驷马难追 13. 三思而后行 14. 千里之堤，毁于蚁穴

第二组

1. 自作自受 2. 近朱者赤，近墨者黑 3. 对牛弹琴 4. 种瓜得瓜，种豆得豆（或善有善报） 5. 美中不足（或白璧微瑕） 6. 隔墙有耳 7. 过犹不及 8. 心想事成 9. 因材施教 10. 笨鸟先飞 11. 国泰民安 12. 抛砖引玉 13. 容光焕发 14. 前车之鉴（或他山之石，可以攻玉）

图书在版编目（CIP）数据

成语英雄 / 徐涛，郭昕辉，马宇主编．
— 北京：人民日报出版社，2014.12
ISBN 978-7-5115-2835-3

Ⅰ．①成… Ⅱ．①徐… ②郭… ③马… Ⅲ．①汉语－成语－通俗读物
Ⅳ．① H136.3-49

中国版本图书馆 CIP 数据核字（2014）第 280461 号

书　　名：	成语英雄
主　　编：	徐涛　郭昕辉　马宇

出 版 人：	董　伟
责任编辑：	谢广灼
封面设计：	金刚创意

出版发行：人民日报出版社
社　　址：北京金台西路 2 号
邮政编码：100733
发行热线：（010）65369527　65369509　65369510　65369846
邮购热线：（010）65369530　65363527
编辑热线：（010）65369533
网　　址：www.peopledailypress.com
经　　销：新华书店
印　　刷：北京中新伟业印刷有限公司

开　　本：710mm×1000mm　　1/16
字　　数：280 千字
印　　张：15
印　　次：2015 年 1 月第 1 版　　2015 年 1 月第 1 次印刷

书　　号：ISBN 978-7-5115-2835-3
定　　价：32.00 元